ismail xavier

um pensador do cinema brasileiro

SERVIÇO SOCIAL DO COMÉRCIO
Administração Regional no Estado de São Paulo

Presidente do Conselho Regional
Abram Szajman
Diretor Regional
Danilo Santos de Miranda

Conselho Editorial
Ivan Giannini
Joel Naimayer Padula
Luiz Deoclécio Massaro Galina
Sérgio José Battistelli

Edições Sesc São Paulo
Gerente Iã Paulo Ribeiro
Gerente adjunta Isabel M. M. Alexandre
Coordenação editorial Francis Manzoni, Clívia Ramiro, Cristianne Lameirinha
Produção editorial Antonio Carlos Vilela
Coordenação gráfica Katia Verissimo
Produção gráfica Fabio Pinotti
Coordenação de comunicação Bruna Zarnoviec Daniel

Apoio cultural

Diretoria do Biênio 2018/2019
Presidente Paulo Henrique Silva (MG)
Vice-presidente Orlando Margarido (SP)
Secretário-geral Luiza Lusvarghi (SP)
Primeiro-secretário Amanda Aouad (BA)
Primeiro-tesoureiro Daniel Feix (RS)
Segundo-tesoureiro Ivonete Pinto (RS)

ismail xavier

um pensador do cinema brasileiro

Fatimarlei Lunardelli
Humberto Pereira da Silva
Ivonete Pinto
(orgs.)

edições sesc

© Fatimarlei Lunardelli, Humberto Pereira da Silva e Ivonete Pinto (orgs.), 2019
© Edições Sesc São Paulo, 2019
Todos os direitos reservados

Tradução Humberto Pereira da Silva (*Impressões sobre Ismail Xavier e certo caráter da intelectualidade brasileira, O contrabandista e o intérprete*)
Preparação Tiago Ferro
Revisão Tulio Kawata
Projeto gráfico, capa e diagramação Daniel Brito

Dados Internacionais de Catalogação na Publicação (CIP)

L9716i	Lunardelli, Fatimarlei
	Ismail Xavier: um pensador do cinema brasileiro / Organização de Fatimarlei Lunardelli; Humberto Pereira da Silva; Ivonete Pinto. – São Paulo: Edições Sesc São Paulo, 2019. – 180 p.
	Referências
	ISBN 978-85-9493-185-6
	1. Cinema brasileiro. 2. Ismail Xavier. 3. Biografia. 4. Crítica. I. Título. II. Xavier, Ismail. III. Silva, Humberto Pereira da. IV. Pinto, Ivonete Pinto.
	CDD 791.4981

Edições Sesc São Paulo
Rua Cantagalo, 74 – 13º/14º andar
03319-000 – São Paulo SP Brasil
Tel. 55 11 2227-6500
edicoes@edicoes.sescsp.org.br
sescsp.org.br/edicoes
 /edicoessescsp

sumário

8 **Apresentação**
Danilo Santos de Miranda

Prefácio: o desafio do (pensar) cinema
10 Paulo Henrique Silva

12 **Introdução: o intelectual militante e o pensador antenado**
Fatimarlei Lunardelli, Humberto Pereira da Silva
e Ivonete Pinto

ismail e o cinema nacional

20 **Professor de cinema**
Carlos Augusto Calil

26 **A paixão pelo detalhe, ou o método da análise fílmica**
Fabio Camarneiro

35 **A contribuição de Ismail Xavier para os estudos de cinema brasileiro em língua inglesa**
Stephanie Dennison

ismail: cinema e literatura

48 **Palavra e imagem: vasos comunicantes**
José Geraldo Couto

58 **Quando a literatura se faz imagem: alegoria e olhar na obra de Ismail Xavier**
Pablo Gonçalo

sumário

ismail teórico

74 **Deciframento alegórico e (auto)análise: a obra de Ismail Xavier e sua recepção francesa**
Lúcia Ramos Monteiro

89 **Impressões sobre Ismail Xavier e certo caráter da intelectualidade brasileira**
Robert Stam

97 **O contrabandista e o intérprete**
David Oubiña

ismail crítico de cinema

110 **A juvenília de Ismail**
Marcelo Miranda

ismail: influência e legado

130 **O cinema brasileiro moderno por Ismail Xavier**
Adilson Mendes

145 **As formas do transe: a análise fílmica de Ismail Xavier como sismógrafo histórico**
Leandro Rocha Saraiva

160 **Mister Ismail Xavier e o avatar da academia**
Tunico Amâncio

170 **Referências bibliográficas**

176 **Sobre os autores**

```
erismailxavierismailxavierismai
erismailxavierismailxavierisma
ierismailxavierismailxavierism
vierismailxavierismailxavieris
xavierismailxavierismailxavieri
xavierismailxavierismailxavier
lxavierismailxavierismailxavie
ailxavierismailxavierismailxavi
nailxavierismailxavierismailxav
smailxavierismailxavierismailxa
ismailxavierismailxavierismailx
rismailxavierismailxavierismail
erismailxavierismailxavierismai
ierismailxavierismailxavierisma
vierismailxavierismailxavierism
ierismailxavierismailxavierisma
erismailxavierismailxavierismai
rismailxavierismailxavierismail
ismailxavierismailxavierismailx
smailxavierismailxavierismailxa
nailxavierismailxavierismailxav
ailxavierismailxavierismailxavi
ilxavierismailxavierismailxavie
lxavierismailxavierismailxavier
xavierismailxavierismailxavieri
avierismailxavierismailxavieris
vierismailxavierismailxavierism
ierismailxavierismailxavierisma
erismailxavierismailxavierismai
```

apresentação

O rigor dos estudos acadêmicos muitas vezes ofusca a beleza contida nos pensamentos. Citações constantes regram autorias numa necessidade de manter coerente a linha de teorias e seus autores, criadores de elos na condução rumo ao sempre incompleto conhecimento.

Debruçar-se por centenas de horas na confecção de um pensamento sólido, balizado por aspectos éticos e costurado numa trama quase infinita de segurança em seu encaminhamento, é uma tarefa árdua, cuja rigidez pode ficar aparente nos discursos produzidos, conferindo aos textos também a exigência de uma leitura penosa.

No entanto, esta não é uma regra, e alguns pensadores, pessoas comprometidas com o trabalho intelectual, se tornam referência em suas exposições – que carregam mais que um volume de conhecimento considerado –, oferecendo-nos um deleite na leitura daquilo que desenvolvem.

Ismail Xavier, docente da Escola de Comunicações e Artes da Universidade de São Paulo (ECA-USP), é um dos nomes no Brasil e no mundo que faz da austeridade exigida pelo trabalho mental uma forma bela e agradável de percorrer os caminhos que consideramos espinhosos, deixando-nos à vontade com suas palavras fluidas e seu aprendizado eficaz.

Generosidade é elemento essencial que acompanha Ismail, que faz de sua profissão um tratado de fé no humano e em suas construções simbólicas e concretas. Como uma criança, ele perscruta a curiosidade sobre todas as coisas que vê e percebe, e a tem como companheira a dirigir seus olhos a pontos que poucas pessoas veem, a detalhes que fogem às mentes mais acomodadas ao estabelecido.

A engenharia, as letras e o cinema conformam o mestre que estende sua percepção desde os cálculos precisos de nossas matemáticas aos processos subjetivos, e ao mesmo tempo maquinais, dos sonhos cinematográficos. Xavier, como leitor aguçado das impressões humanas, liga as leituras de mundo e delas faz um tear onde produz a sua própria leitura, autoral e única.

A presente obra não traz textos do homenageado. O que faz é percorrer as mentes e penas de pensadores profícuos que o têm como referência em suas explanações intelectuais, que frequentam as questões de Ismail com assiduidade e com ele compartilham um caminho ora profissional ora pessoal, já que tais territórios se amalgamam em sua vida e os acompanham em sua lida diária.

Trata-se de uma medida necessária para alavancar as ideias de Ismail Xavier, colocando nosso país em situação de orgulho em ainda insistir e persistir na produção e no acolhimento de mentes férteis e inovadoras, abertas ao que foi e ao que está por vir. As muitas leituras que encontraremos aqui fazem uma outra leitura, mais abrangente e esperançosa, deste que é um verdadeiro mestre na arte de entender e desvelar o mundo com o imperativo de um acadêmico e o encanto dos olhos curiosos de um infante.

Danilo Santos de Miranda
Diretor Regional do Sesc São Paulo

prefácio

O desafio do (pensar) cinema

Arlindo Machado é muito preciso ao constatar a resistência e a importância de um livro como *O discurso cinematográfico: a opacidade e a transparência*, lançado em 1977 e ainda fortemente presente na bibliografia de quem buscar estudar com afinco a história do cinema brasileiro, especialmente aquela que compreende a origem, o desenvolvimento e o fim dos movimentos-ícone Cinema Novo e Cinema Marginal.

Na apresentação da sexta edição do livro, Machado sintetiza o discurso de Ismail Xavier em três pilares: conhecimento ("vasta bagagem de leituras, abrangendo praticamente tudo o que de importante foi pensado e escrito no terreno dos estudos de cinema [...]"), facilidade de expressão ("invejável capacidade de condensação e síntese") e opinião ("não apenas apresenta objetivamente as várias teorias, mas se posiciona em relação a elas").

Em essência, essa tríade forma a Carta Magna de um profissional como o crítico de cinema, no que se refere a si próprio (conhecimento), ao público (facilidade de expressão) e ao veículo em que trabalha (opinião).

Conhecimento está na base do ser humano e independe de público e vínculo empregatício. Saber se expressar é o beabá de qualquer ato de transmitir uma mensagem e querer uma resposta – o que chamamos de comunicação. E a nossa opinião só é validada como tal quando existe um lugar para ela ser ouvida – desde as assembleias gerais da Grécia Antiga às redes sociais de hoje.

Em livros, na sala de aula, em palestras e na imprensa, Xavier exerceu a crítica com o mesmo engajamento com que cineastas se lançavam, há cinquenta anos, à criação em meio à adversidade cultural e econômica de um país subdesenvolvido. Se há algo de político no trabalho dele está nesse desejo de, como diz Machado, numa "verdadeira viagem pelo pensamento contemporâneo do cinema", servir de guia e protagonista, levando a filmografia nacional a outros patamares.

São elementos suficientes que fazem de *Ismail Xavier: a trajetória de um pensador do cinema brasileiro* essencial à compreensão de uma produção tão fecunda, entendendo as origens e as circunstâncias em que foram escritas pelo olhar de quem presenciou muitas dessas etapas, ajudando a divulgá-las e expandindo-as para outros campos de atuação, no Brasil e no exterior.

A publicação é a segunda de uma coleção criada pela Associação Brasileira de Críticos de Cinema (Abraccine) dedicada a pensadores do cinema, iniciada com *Bernardet 80: impacto e influência no cinema brasileiro*[1]. E integra um esforço da associação em, na contramão do abafamento do exercício crítico nos grandes veículos de comunicação, manter vivo um debate que tem em Xavier um de seus maiores incentivadores.

Paulo Henrique Silva

Presidente da Abraccine

---

1 Ivonete Pinto; Orlando Margarido (orgs.), *Bernardet 80: impacto e influência no cinema brasileiro*, Jundiaí: Paco Editorial, 2017.

introdução

O intelectual militante e o pensador antenado

Ousadia e consistência definem a trajetória intelectual de Ismail Xavier, um dos principais pensadores de cinema no Brasil. Seu pensamento, vale destacar, cobre os mais diversos campos do cinema – da elaboração teórica à crítica de filmes feitas no calor da hora – e ao fim se oferece não só para o especificamente cinematográfico, mas sobretudo para uma reflexão ampla sobre a produção e a política cultural brasileira nas últimas cinco décadas.

Seu trajeto, de fato, está ligado aos humores da política e da cultura no Brasil, com as conhecidas dificuldades para se pensar em condições pouco favoráveis, de desafio constante, apostas, riscos e renúncias pessoais. Ismail desponta na cena cultural brasileira no final da década de 1960. Momento crítico em nossa história quando estava sendo criado o curso de cinema na ECA-USP. Formado na primeira turma, imediatamente torna-se professor e a partir da mesma faculdade constrói uma carreira que o fará tão respeitado quanto influente. Diversas gerações que seguiram o curso de cinema na ECA, o tem como fonte de influência e estímulo.

Ainda cabe lembrar que Ismail dá seguimento a uma tradição de intelectuais paulistas que se forjou em torno da revista *Clima*, na década de 1940. E assim, para sua formação como pensador de cinema, ele segue a trilha traçada por dois intelectuais emblemáticos: Antonio Candido e Paulo Emílio Sales Gomes, suas principais referências quando se pensa o processo de formação de Ismail, na medida em que esta for atrelada a questões pontuais da cultura brasileira. Antonio Candido tem, justamente, no conceito de "formação" o pilar para se pensar o que há de específico e autônomo em nossa literatura, e que a diferencia, por exemplo, dos autores lusitanos. Já Paulo Emílio é aquele que põe em debate as condições de possibilidade do cinema, em seus termos, numa situação colonial. A par dessas duas referências seminais, Ismail elaborará seu próprio pensamento, com acento inequívoco nas questões que dão sentido à produção cinematográfica nacional.

Os anos iniciais de sua atuação foram impulsionados pela necessidade de militância cultural, num momento em que o cinema, tanto em âmbito nacional quanto internacional, era fonte constante de debates e polêmicas. Mas, importante realçar, sua atuação logo passa da militância à abordagem teórica, isto porque ele se mantém antenado a praticamente tudo que ocorre no mundo do cinema. Assim, lê com afinco e determinação metódica autores e teorias do passado, e também seus contemporâneos. Sintonizado com os rumos que o debate teórico toma nos estudos de cinema, Ismail logo se destaca como o pensador mais representativo da teoria de cinema no Brasil.

No plano estritamente teórico, então, foi não só pioneiro como responsável direto pela circulação entre nós das formulações teóricas então em voga, num diálogo constante com pensadores de cinema dos Estados Unidos e da França. De modo que, de forma precoce e rápida, Ismail se destaca e, das primeiras experiências como crítico de ocasião e agitador cultural, passa à atuação docente e constrói sua reputação por meio de livros que se tornam referência. Dentre estes, pela profunda influência que exercerá nas gerações posteriores, destacam-se *O discurso cinematográfico: a opacidade e a transparência*; *Sétima Arte: um culto moderno*; *Sertão mar: Glauber Rocha e a estética da fome*; *Alegorias do subdesenvolvimento: Cinema Novo, Tropicalismo, Cinema Marginal*; *O olhar e a cena*. Ele, de fato, tem papel determinante e faro aguçado para pensar as condições de produção cinematográfica no país, assim como para estabelecer nexos entre o cinema e outras formas de expressão.

Para dar conta das diversas facetas dos interesses intelectuais de Ismail Xavier, este livro foi estruturado com o objetivo central de examinar a sua relação com o cinema nacional, as conexões que estabeleceu entre cinema e literatura, os conceitos e teorias que desenvolveu, sua atuação como crítico, e, por fim, sua influência e legado. Com esse arcabouço, os organizadores deste livro têm em vista oferecer aos leitores os diversos campos de atuação de Ismail, abarcar parte da multiplicidade de horizontes para os quais se projetou. Para tanto, foram convidados professores, críticos e intelectuais ligados ao cinema que se debruçaram sobre a caminhada dele na cena cultural brasileira e internacional nas últimas cinco décadas.

O texto de abertura, "Professor de cinema", é também uma saudação, e com ela Carlos Augusto Calil apresentou a trajetória do amigo em colóquio realizado pela Escola de Comunicações e Artes (ECA) da USP em 2017, justamente pelos setenta anos de Ismail Xavier. A reprodução daquela fala oferece uma visão em perspectiva do percurso de nosso homenageado e introduz sua reflexão sobre o cinema nacional, tema do primeiro conjunto de artigos. Na sequência, Fabio Camarneiro aponta em "A paixão pelo detalhe, ou o método da análise fílmica" como se desenvolveu o método analítico de Ismail e como este foi utilizado no exame de filmes do Cinema Novo e do Cinema Marginal. Em "A contribuição de Ismail Xavier para os estudos de cinema brasileiro em língua inglesa", Stephanie Dennison apresenta um panorama das publicações do crítico no Reino Unido, com destaque para a importância que o conceito de alegoria assumiu nos estudos de brasilianistas. A autora valoriza também, em base mais particular, o quanto os ensaios empreendidos por Ismail sobre os filmes a influenciaram.

Na sequência do livro, sobre o vínculo entre cinema e literatura, José Geraldo Couto demonstra no artigo "Palavra e imagem: vasos comunicantes", como é refinada a relação que Ismail estabelece entre essas duas áreas e recupera sua ampla fortuna crítica acerca dos trânsitos entre a palavra escrita e a expressão audiovisual. Já Pablo Gonçalo, em "Quando a literatura se faz imagem: alegoria e olhar na obra de Ismail Xavier", chama a atenção para o papel que assume o melodrama dentro de um debate que vai além das questões de adaptação. A nova categoria de análise é conjugada com o conceito de alegoria no exame da consolidação de certos dispositivos visuais.

Para pôr em relevo as formulações teóricas de Ismail, o leitor terá em mãos textos que igualmente apontam a repercussão internacional de seu pensamento.

Em "Deciframento alegórico e (auto)análise: a obra de Ismail Xavier e sua recepção francesa", Lúcia Ramos Monteiro resgata publicações e eventos acadêmicos ao mesmo tempo em que examina a disposição do crítico em se desarmar diante dos filmes para melhor compreendê-los. Em outra chave, Robert Stam reconhece em "Impressões sobre Ismail Xavier e certo caráter da intelectualidade brasileira" a afinidade de interesses de pesquisa e conduta intelectual que o levam a um percurso comum com aquele que, principalmente, é tratado como amigo. Já David Oubiña se pronuncia quanto à perspectiva latino-americana da obra, apontando em "O contrabandista e o intérprete", como os textos de Ismail, num contexto de exceção de intercâmbios teóricos, são tomados como modelo de reflexão sobre o cinema no continente.

Os dois últimos blocos temáticos aproximam os extremos da longa e profícua trajetória de Ismail, iniciada como crítico em jornais diários quando ainda era estudante de cinema e engenharia. Esses primeiros textos são resgatados do calor da hora por Marcelo Miranda em "A juvenília de Ismail". No último bloco, a influência e o legado daquele que foi professor e orientador de centenas de alunos que atuam hoje como professores e pesquisadores são rememorados com mais ênfase em três artigos. Adilson Mendes propõe um exercício analisando *Os fuzis*, de Ruy Guerra, com as ferramentas teóricas de seu professor, num "corpo a corpo" com a obra, sem descuidar a crítica imanente, da qual Ismail é notório defensor. Leandro Saraiva, por sua vez, reconhece em "As formas do transe: a análise fílmica de Ismail Xavier como sismógrafo histórico", a influência do mestre em seu método crítico. Tunico Amâncio, cujo artigo "Mister Ismail Xavier e o avatar da academia" encerra a coletânea de artigos, presta carinhosa homenagem àquele do qual foi aluno e discípulo e com o qual, na condição de colega e amigo, compartilha o interesse pelo cinema brasileiro. Amâncio, em sua escrita gingada, ao mesmo tempo em que salienta a relevância das preocupações teóricas de Ismail, faz referência ao engajamento político em causas como a da Cinemateca Brasileira.

Para boa parte dos autores deste livro – como para os organizadores –, os métodos de ensino de Ismail em sala de aula exercem ascendência direta em suas próprias práticas na universidade. É Pablo Gonçalo quem mais explicita essa influência, ao lembrar o controle remoto nas mãos do professor congelando imagens a serem analisadas: "Ainda hoje, quando leciono um pouco sobre cinema clássico, me flagro a pronunciar algumas das mesmas palavras, vendo os mesmos trechos, de tão marcantes que foram aqueles instantes". Seguramente, todos podemos nos identificar com essas memórias. Além disso, é visível para quem tem o privilégio do convívio com Ismail, mesmo em situações que não se restringem à sala de aula, o quanto ele é um prosador nato. Seu prazer pelo diálogo, com acentuado deleite pelo detalhe, esteve sempre presente nas nossas conversas e iluminaram caminhos que nos levaram ao conceito do livro. Assim, oferecemos esta obra aos leitores, agradecendo a generosidade de Ismail em compartilhar suas ideias, em abrir seus arquivos e nos disponibilizar textos, como os publicados há mais tempo em jornais, aos quais de outra forma teríamos certa dificuldade de acesso.

Temos consciência de que a atuação de Ismail vai além do que podemos cobrir nos limites propostos neste espaço. Ficaram tangenciados aspectos como a longa e dedicada atuação de Ismail como organizador de livros, membro do conselho editorial de inúmeras publicações e protagonista de concorridas palestras em eventos no Brasil e no exterior. Ainda assim, acreditamos que os recortes sugeridos aqui possam ser uma contribuição oportuna ao realçarem a necessidade de jogar luz sobre uma figura ímpar do nosso cenário. Num país em que o debate cultural ocorre aos atropelos e frequentemente cai no esquecimento, a iniciativa da Abraccine em produzir este livro vai além da mera homenagem. Sua importância principal consiste em incitar discussões sobre como o cinema pode desnudar as contradições do Brasil numa abordagem teórica e crítica de primeira linha. Agradecemos, por fim, ao empenho de nossos convidados que aceitaram a responsabilidade e embarcaram no projeto, certos de que os escritos e intervenções de Ismail merecem toda atenção. Pois, se o cinema é uma fonte praticamente inesgotável de debates, a produção de Ismail Xavier é uma infinita e contagiante fonte de reflexões.

Fatimarlei Lunardelli
Humberto Pereira da Silva
Ivonete Pinto

Organizadores

ISMAIL XAVIER

alegorias do subdesenvolvimento

cinema novo, tropicalismo, cinema marginal

editora brasiliense

ismail
e
o
cinema
nacional

professor de cinema

Carlos Augusto Calil

      Companheiro de Ismail desde o princípio, Calil recuperou a trajetória do amigo ao apresentá-la no colóquio "O cinema pensado – homenagem a Ismail Xavier", ocorrido na Escola de Comunicações e Artes (ECA) da USP em 17 de novembro de 2017. Aqui reproduzida, a fala destacou a vasta contribuição intelectual e a disposição de Ismail para entender o cinema brasileiro nas múltiplas atividades que desempenhou.

A vocação precoce de Ismail Xavier manifestou-se assim que se graduou na ECA-USP. Em 1971, aos 24 anos, principiou a dar aulas para seus colegas de véspera, das turmas subsequentes. O curso de cinema não tinha ainda completado seu quadro de professores e demandava gente graduada e com espírito acadêmico. Egresso da primeira turma de formandos, Ismail preenchia o perfil do professor universitário que se buscava: especialista, com talento para a pesquisa e abertura para outras disciplinas do conhecimento.

Nesse tempo, Ismail ainda cortejava a prática do cinema, enquanto concluía o curso de engenharia na Escola Politécnica. A meu convite, montou o média-metragem *Acaba de chegar ao Brasil o bello poeta francez Blaise Cendrars*, produzido pelo governo do estado de São Paulo para integrar a celebração do cinquentenário da Semana de Arte Moderna. Passava horas na moviola a recortar os acordes de *Saudades do Brasil*, de Darius Milhaud, para compor uma trilha sonora moderna e irônica em contraponto ao deslumbramento sincero dos dois franceses, o escritor e o músico, que se deixaram seduzir por um Brasil inocente e voraz.

No plano acadêmico, Ismail recebeu de Paulo Emílio a missão de inserir o cinema brasileiro no quadro das legítimas interpretações do Brasil, superando o complexo de inferioridade em relação à literatura, ao teatro, à música, para legitimar o estatuto de arte culta. Aceito o repto, desponta lentamente no pupilo uma ponta de rebeldia; Ismail marca posição, reivindica autonomia. Seu autêntico interesse por teoria, combinado com uma visada internacional que o mestre superara, numa reação extremada à perda de identidade que o acometera, definiram os traços do perfil intelectual do moço.

Sua resposta veio no mestrado: *Sétima arte: um culto moderno*. Enquanto prolonga a pesquisa que Paulo Emílio iniciou em seu doutorado, *Humberto Mauro, Cataguases, Cinearte*, observa de perto a movimentação em torno do Chaplin Clube e reconhece a relevância dessa crítica pioneira, situando-a no quadro internacional sem subordinação; assim como constata a evolução da produção nacional com *Brasa dormida* (1928) e *Barro humano* (1929), e sua improvável inserção no incipiente mercado.

Ao mesmo tempo, por iniciativa própria, promove um levantamento exaustivo das teorias de cinema vigentes nos anos 1910 e 1920, sobretudo em Paris. Pesquisa sim, mas com viés teórico, bem ao gosto do leitor atento das ideias que circulavam na metrópole, que mantinham forte relação com os filmes do cinema de autor que então se praticava. Não era uma teoria à parte, voltada apenas para teóricos e acadêmicos. Ela permeava a crítica, ainda muito ciosa de sua perspectiva pedagógica. Nos decênios de 1960 e 1970, o diálogo da crítica com a produção contemporânea era fluido, natural, orgânico.

Cumprido o "serviço militar universitário", Ismail candidatou-se a uma bolsa Fulbright de doutorado no exterior, que o levou aos Estados Unidos, num movimento surpreendente, que iria marcar a sua vida intelectual. O jovem francófilo, como todos de seu meio, era desviado para a Universidade de Nova York (em inglês NYU), na capital da cultura empírica e material.

Foram anos de intenso estudo, mergulho, concentração, descoberta de outro cinema, intelectual, radical, elitista, à margem da indústria e do senso comum. Anos de convívio com Annette Michelson e Jay Leyda, o aluno dividido entre teoria e crítica de um lado, e história, de outro. Paris não estava fora do horizonte, mas melhor observá-la à distância segura de um oceano.

Nesse quadro estimulante, desponta a pesquisa que redundou em *O discurso cinematográfico: a opacidade e a transparência*, trabalho de encomenda para uma editora de prestígio, livro ainda hoje em catálogo e muito presente na bibliografia das escolas de comunicação. Escrito no aconchego da biblioteca do Anthology Film Archives, esse *cinema companion book* aglutina e articula conscienciosamente as teorias que circulavam. Publicação sem similar até hoje, nela se reconhece um esforço intelectual simultâneo: sistematizar a história do cinema e conectá-la com o cinema moderno.

De volta ao Brasil, descobre-se órfão recente de Paulo Emílio. Retoma as aulas na ECA e em 1979 já tinha dois livros publicados: *Sétima arte*, em que reivindicava o estatuto do cinema de arte para o cinema brasileiro, e *O discurso cinematográfico*, com a síntese das teorias em voga. No olhar para dentro, a perspectiva histórica como baliza; no olhar para fora, sintonia e absorção, em discreta antropofagia.

Ainda sob a égide da geração de *Clima*, na pessoa de Antonio Candido, Ismail inicia sua grande empreitada: a elaboração do cânone do cinema brasileiro, que não podia deixar de principiar com Glauber Rocha, seu ponto culminante. O doutorado, publicado com o título de *Sertão mar*, apresentava um saudável corpo a corpo com os filmes enquanto objetos de estudo, bem ao gosto dos mestres orientadores. A teoria e a abstração descansaram um pouco na estante durante esse período.

Um breve desvio de rumo levou-o ao Rio de Janeiro, onde assumiu um posto na Embrafilme, atendendo ao meu convite como recém-nomeado diretor de Operações Não Comerciais, título esdrúxulo de uma modesta diretoria de assuntos culturais. Aí dirigiu o setor de pesquisas e edições e promoveu uma reestruturação da revista *Filme Cultura,* que ganhou densidade crítica e objetivo claro: discutir a produção brasileira. É dessa época a revelação do talento de editor de Ismail; com o patrocínio da estatal iniciava-se a publicação dos textos inéditos em livro de Paulo Emílio, de Glauber Rocha, de uma versão da tese de doutorado de Maria Rita Galvão – *Burguesia e cinema: o caso Vera Cruz* –, e de uma antologia preciosa de estudos teóricos – *A experiência do cinema,* ainda hoje em catálogo. Anos mais tarde, na editora Cosac Naify, Ismail retomaria essa vertente, dirigindo a coleção Cinema, Teatro e Modernidade.

Aos 35 anos, o jovem intelectual estava pronto para defender o seu PhD na mesma NYU: *Alegorias do subdesenvolvimento,* operação crítica de grande envergadura destinada a verificar os termos comuns a dois movimentos irredutíveis: o Cinema Novo e o Cinema Marginal. Nesse texto, Ismail Xavier conjuga rigor intelectual com esforço político de cunho conciliatório, conforme o temperamento do autor, com o objetivo de tornar legível o acervo brasileiro ao estrangeiro. A sua publicação nos Estados Unidos, fato mais que raro na nossa modesta bibliografia, era a prova de que Ismail cumprira a promessa feita a Paulo Emílio.

De posse de um doutorado na Faculdade de Filosofia, Ciências e Letras da USP e de um PhD da Universidade de Nova York, passou a se dedicar plenamente à carreira acadêmica, no Departamento de Cinema, Televisão e Rádio da ECA. O professor conciliava as aulas de graduação com o curso de pós-graduação, à época em implantação, e com generosidade atendia a inúmeros alunos vindos de todos os pontos do país. Não concebo um único curso de pós-graduação em estudos de cinema e audiovisual sem alunos formados pela orientação de Ismail Xavier ou à margem de sua vasta contribuição intelectual.

A decadência da ambição artística do cinema brasileiro, sua marginalidade crescente na vida pública nacional, a perda da aura de arte engajada e exigente, conduziram o crítico para outros campos. Encetou um movimento em direção ao teatro, de início para acompanhar a obra de Arnaldo Jabor, no seu embate amoroso com Nelson Rodrigues, e depois na direção do melodrama para repor a interlocução perdida com o público, que se mantinha fiel ao cinema norte-americano enquanto aderia à produção de novelas e folhetins.

Ao investigar as relações de dependência do cinema de Jabor a Nelson Rodrigues, sempre de olho na proeminência crescente do ex-cineasta agora transformado em jornalista de renome, autoincumbido de vocalizar o inconsciente político do então presidente Fernando Henrique Cardoso, Ismail chega a uma descoberta poderosa: o solo fértil fornecido pela categoria do ressentimento à obra do dramaturgo e, por herança, do cineasta. Chave de interpretação de uma profunda ferida narcísica no inconsciente coletivo brasileiro, nutriente poderoso do complexo de vira-lata, que tanto atormentou Mário de Andrade e Nelson Rodrigues.

Para dar um mínimo de coerência a um corpo disforme que correspondia à produção brasileira dos anos 1990, despojada de suas grandes expectativas de representar o país, Ismail serviu-se dessa intuição e apresentou o ressentimento de uma frustração ontológica do intelectual/artista brasileiro como terreno comum do cinema brasileiro pós-idade de ouro. Na extensa entrevista concedida à nona edição da revista *Praga*, em 2000, é tocante o esforço de Ismail em compreender os rumos do cinema brasileiro e deles extrair algum alento. Sugestionado por Nelson Rodrigues, Ismail atirou no que viu e acertou no que não viu. O ressentimento se aplica à produção artística brasileira em grande escala e, atualmente, ao campo da clivagem política. Quem não for ressentido que se apresente.

Por outro lado, o estudo de Griffith e Hitchcock, o recuo a Diderot, o desarme crítico em relação aos jogos de interpretação e engano, as reviravoltas do enredo, a arquitetura do drama, forneceram ao professor uma ponte com as obras audiovisuais que o público prestigia. Num livro admirável, *O olhar e a cena*, Ismail interroga a produção comercial para tentar entender onde se situa o elo perdido entre cinema e público que Paulo Emílio já apontava em artigo do final da década de 1970, "O cinema no século".

Na arte da representação, a reincidência do melodrama surge com o grau de resiliência e autotransformação com o qual o capitalismo vem resistindo aos golpes reais e imaginários que lhe desferem a política e a economia. É a referência inescapável do sistema de representação que é saudável enfrentar, desde que se tenha consciência do que está em jogo. O primado do ressentimento e do melodrama é a incontornável contribuição de Ismail Xavier ao debate contemporâneo.

Certo cinema brasileiro acabou. Nunca se produziu tanto e nunca o público esteve tão alheio. A engenharia política da esquerda forjada no início dos anos 1950 nos congressos de cinema e repetida à exaustão atingiu o seu paroxismo sem trazer sustentabilidade econômica ou social. Exauriu-se. Será preciso reinventar o público, um interlocutor que seja, para que a roda do cinema brasileiro continue a girar. Tudo está em crise: formato, duração, gênero, veículo, consumo.

A produção audiovisual ensaia migrar para a televisão e para a internet. As séries nacionais parecem mais aptas a receber indulgência do público que os filmes. A universidade mantém-se refratária, por motivos ideológicos, à televisão, à indústria.

Ismail Xavier na sua trajetória crítica percebeu esse movimento em 1998. Desde então dialogou com cineastas, críticos e professores, tornou-se referência para eles, mas a agenda pouco avançou.

O processo acelerou, a crise tornou-se aguda, a reação não espera. Qual pode ser a contribuição da universidade a essa revolução em curso?

Como companheiro de longa jornada, é com alegria que participo desta homenagem por ocasião da concessão do título de Professor Emérito a Ismail Xavier. Nós – universidade – falhamos ao não lhe fornecer a segurança necessária para que recebesse a tempo o justo título de professor titular. Por isso, o reconhecimento de hoje, de iniciativa de seus alunos diletos, tem sabor de reparação. Para nosso orgulho, o maior professor, ora agraciado com o título de emérito, será sempre o titular.

a paixão
pelo detalhe,
ou o método
da análise fílmica

Fabio Camarneiro

Exame dos primeiros textos de Ismail Xavier, seu processo de formação e a maneira como ele desenvolve seu método de análise para examinar filmes do Cinema Novo e do Cinema Marginal num momento de grande efervescência e risco em nossa história cultural.

Nos estudos de cinema brasileiro, os ensaios de Ismail Xavier ocupam lugar central – especialmente para se compreender um momento privilegiado, que se concentra nas décadas de 1960 e 1970, quando realizadores ligados ao Cinema Novo ou ao Cinema Marginal dialogaram de maneira intensa com o momento social e político do país. Tempo de disputa e consolidação para o cinema brasileiro moderno. Tempo também de derrota de um projeto político mais próximo às esquerdas e da consequente *mea culpa* por parte de artistas e intelectuais quanto à sua atuação nos momentos imediatamente anteriores ao golpe civil--militar de 1964, como podemos ver em *O desafio* (1965), de Paulo Cesar Saraceni, ou *Terra em transe* (1967), de Glauber Rocha. Tempo de radicalização de propostas estéticas que se distanciavam de um projeto revolucionário coletivo, como nos filmes de Rogério Sganzerla, Julio Bressane ou Andrea Tonacci.

A atualidade do trabalho de Ismail enquanto pensador da cultura e da sociedade brasileiras está intimamente ligada a esse momento histórico, em um arco que vai da possibilidade de uma revolução popular (que não houve) ao recrudescimento do individualismo e o consequente ressentimento generalizado, frutos de seguidas vitórias de um projeto neoliberal. Revisitar a produção cinematográfica do período entre 1964 e 1985, tendo como guia as inspiradas (e inspiradoras) análises de Ismail, é revisitar um momento ainda urgente, dada a negação da sociedade brasileira em lidar com alguns dos crimes cometidos pelo Estado durante os chamados "anos de chumbo". Se, de alguma maneira, certas cicatrizes continuam abertas, uma acurada análise da produção fílmica nacional pode servir como guia para se pensar esse episódio determinante para a história e para o cinema brasileiros. (Não por acaso, persiste até os dias atuais o interesse de jovens cineastas pelo golpe civil-militar e pelas duas décadas de ditadura no país; um interesse hoje mediado não apenas pela experiência coletiva, mas também e sobretudo pelas trajetórias individuais de certos personagens, sendo *Cabra marcado para morrer* (1984), de Eduardo Coutinho, uma espécie de paradigma dessa fórmula, bem como, para ficar em apenas um exemplo mais contemporâneo, *Os dias com ele* (2013), de Maria Clara Escobar.)

A ferramenta

Em busca de pensar esses filmes e seus contextos, Ismail lançou mão de uma importante ferramenta, que desenvolveu de maneira intensa e que foi seguida por muitos de seus orientandos e alunos na Escola de Comunicações e Artes (ECA) da USP: trata-se do método da análise fílmica ou, em outras palavras, da cuidadosa atenção a diversos elementos da tessitura fílmica (*mise-en-scène*, banda sonora, cor, contraste, cenários, atrizes e atores etc.) em busca de um detalhe revelador, uma espécie de ponto nessa tessitura que, para o analista, pode servir como ponto de partida para se observar o conjunto da obra na construção de interpretações mais amplas. A escolha entre um ou outro detalhe determina uma espécie de início a partir do qual todo o filme, tal qual um novelo, será "desenrolado". Um ponto que, quando a escolha é bem-sucedida, parece carregar em si, de forma latente, muito das potências do objeto em questão. Assim, a decisão entre um ou outro detalhe pode gerar (e efetivamente gera) análises bastante distintas entre si, sendo que uma grande obra é capaz de gerar diversas análises, tocando em outros campos de conhecimento. Porém, a regra central da análise fílmica, se é que existe uma, trata de se ater aos elementos audíveis e visíveis de um filme, à sua materialidade, a uma criteriosa percepção de seus aspectos imanentes.

Como exemplo, entre tantos na trajetória de Ismail, escolhemos um trecho de *Sertão mar* que recupera o momento imediatamente posterior à sequência do massacre de Monte Santo – quando Glauber Rocha presta homenagem ao famigerado trecho da escadaria de Odessa em *O encouraçado Potemkin* (1925), de Sergei Eisenstein. Na cena em questão, após matar todos os seguidores de Sebastião, Antônio das Mortes adentra a pequena igreja onde descobre o corpo morto do beato. O texto de Ismail chama a atenção para um detalhe que poderia passar despercebido ao olhar mais apressado: a sombra do cano do rifle do matador, projetada na parede branca da igreja, encontra outra sombra, a do punhal que, ainda sujo com o sangue de Sebastião, encontra-se nas mãos firmes de Rosa, que está ajoelhada, imóvel, em choque. A sobreposição das duas sombras forma uma cruz, figura muito recorrente na primeira metade de *Deus e o diabo na terra do sol* (1964): da cruz carregada pelos seguidores de Sebastião à cruz colocada na sepultura da mãe de Manuel, da cruz no topo do morro de Monte Santo até o altar da igreja em que o beato irá agonizar. Segundo Ismail, a inesperada cruz que surge projetada na parede da igreja fecharia "o círculo composto pela ação dos dois objetos, rifle e punhal, na liquidação do sonho messiânico"[1].

Esse trecho demonstra como as conclusões que perpassam o texto do analista surgem apenas após rigorosas (e não raro exaustivas) revisões do filme, sem perder de vista sua regra, ou seja, criando e testando hipóteses sempre a partir de elementos presentes na obra. Parte-se do filme para, após uma exegese, a ele retornar. Atento ao detalhe formal e à particularidade do estilo, o texto de *Sertão mar* contempla também o momento histórico e social que gera os filmes analisados e neles deixa suas marcas. Assim, a análise de *Deus e o diabo na terra do sol* percebe como o filme ao mesmo tempo parece aderir e se distanciar de uma pedagogia das massas, tema caro no início da década de 1960, a grupos culturais li-

---

[1] Ismail Xavier, *Sertão mar: Glauber Rocha e a estética da fome*, São Paulo: Cosac Naify, 2007, p. 100.

gados às esquerdas. Em *Pedreira de São Diogo* (1962), episódio dirigido por Leon Hirszman em *Cinco vezes favela* (1962), vemos essa pedagogia em ação: uma vez alertados sobre o risco que correm (o morro em que vivem está prestes a ser dinamitado), os moradores se unem e, a partir desse momento de insurgência, conseguem interromper o funcionamento das máquinas que ameaçavam suas casas e vidas. Em Glauber, porém, o esquema geral é distinto: Ismail identifica uma coexistência *sui generis* entre o questionamento de "uma metafísica, seu direito e avesso, em nome da libertação do homem-sujeito da história" e "a afirmação de uma ordem maior que comanda o destino dos homens e dá sentido a suas ações"[2]. Esse movimento aparentemente contraditório da narrativa de *Deus e o diabo* o faz superar o otimismo de *Pedreira de São Diogo*. (Leon Hirszman, em seus filmes seguintes, oscilará – com o perdão do esquematismo exagerado – entre certo sentimento de fatalismo em *A falecida* (1965) ou *São Bernardo* (1972) e o otimismo de *Garota de Ipanema* (1967), movimentos que parecem chegar a uma delicada síntese em *Eles não usam black-tie* (1981).)

Ismail nota, a permear o filme de Glauber, uma maneira muito particular de o cineasta responder aos debates, tão em voga no momento de realização de *Deus e o diabo*, sobre o papel de artistas ligados às esquerdas. Em outro momento de sua obra, em *Alegorias do subdesenvolvimento* – agora sobre *O anjo nasceu* (1969), de Julio Bressane –, Ismail detém-se em um momento quando, em um aparelho de TV, os personagens veem as imagens da chegada do homem à Lua. Segundo o autor, a cena marcaria, ao mesmo tempo, o momento histórico da diegese (o ano de 1969) bem como serviria como contraponto à trajetória dos dois bandidos protagonistas do filme, que, em um hoje notório plano final, desaparecem em um carro que avança rumo a lugar nenhum.

Nos exemplos aqui colocados, tanto ao pensarmos o Cinema Novo como o Cinema de Invenção do final dos anos 1960, não há dissociação entre forma e conteúdo, como se este viesse depois daquela, mas sim a compreensão de que a estrutura do filme e seus vários aspectos formais são pregnantes de significado. Por outro lado, não se trata de uma análise meramente formalista, que pode abrir mão dos contextos sociais e históricos implicados na realização e perceptíveis

---

2   Ibidem, p. 136.

ao olhar informado. Trata-se de um movimento constante e complementar entre figura e fundo, ou seja, entre a matéria fílmica e os contextos sociais e históricos, um servindo de complemento ao outro. Um projeto que Leandro Saraiva descreve de maneira lapidar: "Uma crítica que mostre a forma estética como decantação da experiência histórica"[3].

Assim, a obra de Ismail (mas não apenas ela) tem como missão pensar o cinema brasileiro em um contexto histórico amplo, lançando mão de outras áreas de conhecimento (análise literária, história, sociologia, psicanálise), mas nunca de maneira subordinada a elas; pelo contrário, esses outros campos do saber surgem como complemento ao pensamento fílmico, a fim de iluminar aspectos imanentes da obra. Os filmes não aparecem de maneira instrumental, como "ilustração" de determinados conceitos, mas são colocados no centro do debate. Como defende Deleuze nas partes finais de *A imagem-tempo*, trata-se de entender o cinema como uma forma (privilegiada) de pensamento.

As obras do autor dedicadas ao cinema brasileiro moderno – *corpus* do qual fazem parte (na ordem original de publicação) *Sertão mar* (1983), *Alegorias do subdesenvolvimento* (1993), *O cinema brasileiro moderno* (2001) e a parte final de *O olhar e a cena* (2003) – operam a partir de um tensionamento entre narrativa e estilo, entre um "quê" e um "como". Em vez dos apaziguamentos e do imperativo de resolução que são marcas do cinema clássico, o cinema moderno lida com contradições de estilo, com desencontros entre seus elementos constitutivos, sendo que, de maneira bastante ampla, podemos entender esse outro cinema como a tentativa de responder a diferentes crises (econômica, social, estética etc.) surgidas a partir da Segunda Guerra Mundial; elas são ao mesmo tempo causa e consequência de certa situação-limite da linguagem (que habita a obra, por exemplo, do dramaturgo Samuel Beckett).

No Brasil, tal esvaziamento da linguagem aparece de maneira mais manifesta em alguns filmes do Cinema de Invenção do final dos anos 1960, especialmente em Andrea Tonacci – *Blablablá* (1968) ou *Bang Bang* (1971) – ou Julio Bressane – *O anjo nasceu* ou *Matou a família e foi ao cinema*, ambos de 1969. Filmes que

---

3 *Ibidem*, p. 203.

parecem se insurgir contra tentativas de interpretá-los, propondo enigmas ao analista; filmes que não raro tratam de situações-limite (e, portanto, próximas ao "indizível" típico do trauma); filmes que privilegiam o corpo de seus atores (e seus fluidos e suas vísceras) sobre a *persona* por eles interpretada; filmes habitados por uma espécie de "transe" – e tentamos aqui uma síntese que remete a Glauber Rocha.

A partir da percepção desse esgotamento (da linguagem, mas também de certo horizonte político), o autor de *Alegorias do subdesenvolvimento* percebe no *corpus* de sua análise a recorrência da alegoria, que parece recolocar, em nova chave, a já apontada tensão entre estilo fílmico e seus possíveis significados. Em Julio Bressane, por exemplo, temos o já citado plano final de *O anjo nasceu*, que com seu "silêncio e a imobilidade" parece resumir, além dos impasses estéticos do momento histórico em que foi realizado (a impossibilidade de qualquer teleologia), dilemas da própria trajetória do realizador, que abandonava de maneira definitiva alguns dos procedimentos de seu longa anterior, *Cara a cara* (1967).

Ao voltar sua atenção a esse momento histórico, entre as décadas de 1960 e 1970, Ismail não impõe às obras uma aposta (no caso, a importância da alegoria) e, diferentemente, faz com que suas análises ressaltem, sempre a partir de certas escolhas formais, sua tese central. Assim, o texto está sempre na órbita dos filmes e não o contrário, sendo capaz de cumprir aquilo que André Bazin dizia ser uma das funções da crítica cinematográfica: fazer ampliar, no leitor, a experiência mesma da sala de projeção, fazendo perdurar o prazer (sensorial e intelectual) da fruição fílmica e prolongando (em nova chave) o encontro da plateia com a obra. As ferramentas do crítico para atingir esse ideal são antes de mais nada um estilo de escrita que dê conta da complexidade do material analisado. Afinal, se aqui defendemos uma análise fílmica imanente, é na própria forma do texto analítico, em suas escolhas vocabulares, em suas cadências, em seus saltos e recuos que a boa crítica revela sua potência. Grandes filmes exigem grandes textos de análise. Nesse aspecto, o texto de Ismail realiza movimentos que podemos chamar ora de centrípetos (partindo da cena como um todo rumo ao detalhe revelador) ora de centrífugos (do detalhe para interpretações e conclusões mais gerais). O texto de Ismail apresenta um ritmo seguro, controlado, que faz o raciocínio avançar aos poucos, sempre calcado na análise fílmica. Mesmo que pareça por vezes dar voltas ou retroceder, ampliando o debate ao evocar outros contextos, avança de maneira compassada rumo às suas conclusões. O ritmo particular, eis uma das marcas estilísticas mais evidentes do ensaísta que identificou na oscilação do ritmo de *Deus e o diabo na terra do sol*, ora rarefeito, ora acelerado, certa concepção da história.

A docência

Durante os anos 1950 e 1960, o cinema atinge um novo estatuto intelectual, marcado, no caso brasileiro, pelo surgimento dos primeiros cursos superiores nesse campo, dos quais lembramos as experiências da Universidade de Brasília (cujo curso foi fechado após a arbitrária exoneração do corpo docente) e da Universidade de São Paulo, onde Ismail foi aluno e, mais tarde, professor.

Em sua prática docente na Escola de Comunicações e Artes (ECA) da USP e também em outros espaços universitários, no Brasil ou no exterior, e em cursos livres, fica evidenciado o entusiasmo que move suas análises, a paixão pela busca do detalhe revelador. Entusiasmo que, aliado ao rigor metodológico, não pareceu diminuir com o passar dos anos, e que ressurge a cada vez em que demonstra, no detalhe de um fotograma retirado do fluxo do filme, os tais detalhes que embasaram suas análises. Uma experiência que deixou marcas profundas em vários de seus alunos e que tenho como inspiração, em minha própria experiência na sala de aula, junto às de outro mestre, Rubens Machado Jr., que sempre aliou sua profunda erudição e sensibilidade de análise a um ambiente profundamente democrático.

A partir de sua experiência docente, Ismail lançou livros de caráter mais didáticos, como *O discurso cinematográfico*, obra de referência em muitos cursos de cinema no país. Ainda nesse mesmo sentido, organizou *A experiência do cinema*, com traduções de textos teóricos essenciais, alguns publicados pela primeira vez no Brasil, e escreveu o pequeno volume sobre D. W. Griffith, uma sucinta (e precisa) análise da consolidação da forma cinematográfica clássica a partir de uma série de procedimentos que o cineasta estadunidense aperfeiçoou (a saber, a decupagem dentro da cena, a montagem paralela) e das fontes históricas que alimentaram seu cinema (notadamente o folhetim literário e o melodrama teatral). Essa pesquisa sobre os desdobramentos da linguagem narrativa clássica terá prosseguimento com a publicação de importantes ensaios sobre o melodrama, Hollywood e Alfred Hitchcock, reunidos na primeira seção de *O olhar e a cena*.

Esse outro bloco de textos, que trata da consolidação e os consequentes reposicionamentos da linguagem clássica (especialmente no cinema dos Estados Unidos), caminha lado a lado com outro, que trata do cinema brasileiro moderno, aquele de tintas mais radicais, reflexo de um período histórico que precede o golpe de 1964 e se estende até a redemocratização, já nos anos 1980. Filmes que, também informados pelo modelo clássico, tentam a ele se contrapor. Um conjunto de obras que apresenta vários desafios ao analista, seja pelo estilo fragmentado ou pela rarefação narrativa, pelos excessos da performance etc. e nos quais as análises de Ismail vão privilegiar os achados de estilo e a renovação da forma. Oscilando entre esses dois campos de interesse, a obra de Ismail parece, como um todo, se estruturar como o seminal *Sertão mar*, em que os primeiros longas-metragens de Glauber Rocha são analisados lado a lado com seus respectivos contrapontos: *O pagador de promessas* (1962), de Anselmo Duarte, e *O cangaceiro* (1953), de Lima Barreto.

De um lado, temos um cinema que busca, a todo custo, uma eficácia narrativa que possa estabelecer uma ligação emocional com o espectador (que, nesse caso, poderia projetar suas expectativas nos personagens da ficção, aumentando assim a expectativa pelo desenlace da trama); de outro, a tentativa de questionar os mecanismos dessa conexão com o público, propondo distintas portas de entrada para a fruição fílmica – que necessariamente passavam pela questão do estilo. Tanto em um caso como em outro, ao tratar do clássico ou do moderno, interessam ao autor os pontos de encontro entre a forma fílmica e os contextos em que tais obras puderam surgir. A partir desses polos aparentemente opostos, parece ganhar corpo a evidência de que as obras mais ousadas e radicais surgem após um profundo conhecimento das estruturas historicamente consagradas e de suas origens. Assim, melhor se compreende a forma clássica quanto mais se conhecem seus limites, rupturas e reposicionamentos.

Desse modo, tanto para sua própria geração como para outras depois dele, Ismail foi e é uma referência incontornável nos estudos de cinema. Os motivos passam por alguns dos pontos aqui apresentados, sem se limitar a eles: a atenção à forma fílmica, o profícuo diálogo entre o cinema e outras matrizes teóricas (ambos em igual patamar), a eleição de obras pertencentes a um momento em vários sentidos decisivo para o país e o cinema. Uma obra construída a partir de um jogo de olhares entre o cinema e a história, mediados pela sensibilidade do analista. A obra de Ismail se detém sobre momentos de impasse histórico (como o atual), quando os cineastas não se eximiram de participar do diálogo mais amplo acerca das contradições da sociedade brasileira.

a contribuição de Ismail Xavier para os estudos de cinema brasileiro em língua inglesa

Stephanie Dennison

O artigo apresenta um panorama das publicações de Ismail Xavier no Reino Unido, destacando desde a importância de seus conceitos, como o de alegoria, até suas análises dos filmes da retomada. Aponta também que a cópia de *Allegories of Underdevelopment* da Universidade de Leeds está "caindo aos pedaços" de tão consultada.

O que se segue é um panorama breve, mas carinhoso, da influência de Ismail Xavier sobre os estudiosos do cinema brasileiro fora do Brasil, com base principalmente em suas publicações em língua inglesa. Nessa visão geral, vou focar as minhas próprias reações a Ismail, tanto como escritor de textos inspiradores sobre cinema quanto como colega (brevemente, em 2007) na Universidade de Leeds, Inglaterra. E aqui aproveito a oportunidade para reconhecer, como brasilianista, a generosidade da maioria dos brasileiros no que diz respeito ao compartilhamento de conhecimento e experiência. Estou muito ciente de quão abençoados somos nós brasilianistas a esse respeito, e Ismail talvez seja um dos melhores exemplos quando se trata de apoio, disponibilidade e "cordialidade" que associamos aos acadêmicos brasileiros.

Tive o prazer de conhecer Ismail em 1998, no Rio de Janeiro, quando eu ainda estava no início da carreira acadêmica, e enquanto estava embarcando em uma mudança de direção disciplinar, incorporando os estudos de cinema em minha pesquisa e portfólio de ensino. Como alguém com formação em história cultural e professora de literatura brasileira, minha curiosidade em relação ao cinema foi aguçada por duas coisas. Primeiro, por uma série de adaptações cinematográficas impressionantes que eu tinha encontrado e incorporado às minhas aulas a essa altura. Por exemplo, *A hora da estrela* (1986), de Suzana Amaral, ainda para mim uma das melhores adaptações no cânone do cinema brasileiro, e *Vidas secas* (1962), de Nelson Pereira dos Santos, talvez o filme que mais se ensinava nos cursos de cinema brasileiro. Outros filmes foram escolhidos para completar minha nova disciplina "Adaptações literárias para o cinema" e, para ser sincera, mais porque eu já havia preparado aulas sobre as fontes literárias, do que pela qualidade dos filmes.

O segundo aguçamento da minha curiosidade em relação ao cinema veio de uma obsessão que eu tinha desenvolvido na época, graças a um amigo da Universidade Estadual do Rio Janeiro (UERJ) que me apresentou a *Toda nudez será castigada* (1973), de Arnaldo Jabor: a obsessão era com o trabalho do dramaturgo e *enfant terrible* Nelson Rodrigues. Em 1998, realizei uma apresentação sobre cinema pela primeira vez na segunda conferência anual da Socine (Sociedade Brasileira de Estudos de Cinema e Audiovisual) na UFRJ, onde conheci Ismail – um evento bem íntimo em comparação com o tamanho dos encontros de hoje em dia. Minha participação foi sobre as adaptações cinematográficas de Nelson Rodrigues e lembro que na época eu tinha uma dívida muito grande para com a pesquisa de Ismail sobre Nelson Rodrigues, e em particular um artigo que ele havia acabado de publicar no renomado jornal de cinema da Universidade de Glasgow, *Screen*: "The Humiliation of the Father: Melodrama and Cinema Novo's Critique of Conservative Modernization" [A humilhação do pai: melodrama e a crítica cinemanovista da modernização conservadora].

No artigo, Ismail analisa as duas adaptações de Arnaldo Jabor da obra de Rodrigues: *Toda nudez será castigada* e *O casamento* (1975). Ismail argumenta que Jabor cria um estilo irônico de representação para posicionar o mau gosto, a histeria e os problemas familiares como sintomas históricos do declínio do patriarcado no Brasil. Ismail lê as adaptações de Jabor como uma exploração da ligação íntima entre o pensamento conservador e a imaginação melodramática naquela altura específica. Assim, uma influência duradoura para mim e, imagino, para outros professores que trabalham em departamentos de estudos brasileiros no Reino Unido e nos Estados Unidos, são os muitos artigos e capítulos de livros que Ismail publicou, tanto em inglês quanto em português, sobre adaptações cinematográficas de obras de literatura brasileira.

Análise textual

Em 1999, meu departamento na Universidade de Leeds experimentou um momento raro de "vacas gordas" e, com um orçamento adequado, eu e os colegas Lisa Shaw e Keith Richards organizamos uma conferência sobre cinema. Juntamente com outros nomes que conheci das minhas leituras iniciais sobre cinema brasileiro (Fernão Ramos e Randal Johnson, por exemplo), Ismail foi convidado a participar da conferência, que teve o título bastante grandiloquente de "Cinema latino-americano: teoria e práxis". Lembro que todos os nossos convidados internacionais eram afáveis, generosos com seu tempo e muito solidários com colegas mais jovens e menos experientes que se dedicavam aos estudos sobre cinema latino-americano. Por uma deliciosa coincidência, Ismail apresentou na conferência um texto sobre a adaptação cinematográfica de Nelson Pereira dos Santos de 1962, da peça *Boca de Ouro* de Nelson Rodrigues. Lisa Shaw e eu incluímos uma versão da apresentação em um livro que publicamos com a editora norte-americana McFarland em 2005: *Latin American Cinema: Essays on Modernity, Gender and National Identity* [Cinema latino-americano: ensaios sobre modernidade, gênero e identidade nacional]. E eu, claro, passei a ensinar a adaptação em Leeds, usando como base o ensaio de Ismail.

Boca de Ouro (1963) é um dos primeiros e menos conhecidos longas de Nelson Pereira dos Santos. Em seu ensaio, Ismail argumenta que Nelson Pereira fez algumas escolhas astutas em relação ao trabalho de câmera e iluminação, adicionando personagens e alterando ligeiramente o final da peça original, para produzir um filme menos ideologicamente suspeito que a peça. Ele demonstra como Nelson Pereira em sua versão procurou tratar os pobres e, em particular, as mulheres, com empatia, em uma adaptação que ele descreve como "marcada por uma ausência de julgamento moral e menos dependente do estereótipo tradicional dos brasileiros como fatalistas fracos que estão obcecados com dinheiro fácil e que rejeitam qualquer ética de trabalho"[1]. Segundo Ismail, na sua adaptação, Nelson Pereira desloca o foco do hipermasculino Boca de Ouro para Guigui, a protagonista feminina. O papel de Guigui é a base do argumento de Ismail nesse capítulo: a saber, que ela pode libertar-se do legado do relacionamento com seu ex-amor violento e machista, alterando assim a intenção da peça de Rodrigues, que era condenar personagens que não são absolutamente puras. Embora não chegue a usar o termo, Ismail, no que é uma verdadeira aula de análise textual, sugere que Nelson Pereira produziu uma leitura feminista da peça moralmente conservadora de Nelson Rodrigues.

Ismail participou de uma segunda conferência sobre cinema latino-americano em Leeds em 2005, dessa vez com foco no período contemporâneo. Na ocasião, o cinema brasileiro era bem representado: Ismail e Robert Stam deram palestras e os cineastas Hector Babenco e Lúcia Murat estiveram presentes e apresentaram seus filmes (*Coração iluminado* (1998) e *Quase dois irmãos* (2004), respectivamente). Dessa vez, novamente, para minha grande alegria, Ismail centrou-se em uma adaptação para o cinema: *Estorvo* (2000), de Ruy Guerra, baseado no *best-seller* de Chico Buarque de 1991. Acontece que *Estorvo* era um filme que, por uma bela coincidência, eu ensinava na disciplina sobre adaptações literárias na Universidade de Leeds. Ismail foi extremamente gentil em me fornecer uma cópia de sua apresentação para compartilhar com meus alunos. Até onde eu sei, esse trabalho nunca foi publicado em inglês. Ismail lê o filme como alegoria: ele descreve a falta de engajamento do protagonista do filme com o mundo como resposta a um momento histórico de transição, no qual o declínio das antigas regras patriarcais e a consolidação de uma nova ordem de intercâmbio social definem um novo modelo para a experiência do espaço e do tempo.

Em 2000, Ismail participou de uma conferência inovadora organizada por Lúcia Nagib na Universidade de Oxford sobre o novo cinema brasileiro. Foi uma grande

---

[1] Lisa Shaw e Stephanie Dennison, *Latin American Cinema: Essays on Modernity, Gender and National Identity*, Jefferson: McFarland, 2005, p. 96.

façanha da parte dela trazer para a Inglaterra tantos estudiosos importantes do cinema brasileiro. O livro *The New Brazilian Cinema* [O novo cinema brasileiro], organizado por Lúcia e publicado em 2013 pela editora inglesa I. B. Tauris, contém uma versão da palestra de Ismail sobre o cinema da retomada, intitulado "Brazilian Cinema in the 1990s: The Unexpected Encounter and the Resentful Character" [Cinema brasileiro na década de 1990: o encontro inesperado e o personagem ressentido]. Ismail foi, portanto, um dos primeiros pesquisadores a destacar uma série de temas recorrentes, pensando cuidadosamente sobre o significado dos filmes da retomada e, assim, abrindo caminho para outros estudiosos fazerem pesquisa sobre o cinema brasileiro contemporâneo em inglês. Minha própria contribuição para o livro, além de traduzir alguns dos ensaios para o inglês, foi um capítulo sobre algumas das então recentes adaptações da obra de Nelson Rodrigues – *Traição* (1998), de Arthur Fontes, José Henrique Fonseca e Cláudio Torres, e *Gêmeas* (1999), de Andrucha Waddington. A conferência, o livro resultado dela e, em particular, a palestra e subsequente ensaio publicado de Ismail, me deram tanto a inspiração quanto o conhecimento e a visão necessários para poder concentrar minha pesquisa no período contemporâneo. Noto aqui, de passagem, que Ismail é o mais citado entre os autores dos ensaios no próprio livro.

Parafraseando aqui o excelente resumo de Lúcia Nagib em sua introdução ao livro, Ismail em seu ensaio começa por fazer uma comparação entre o projeto nacional que animou o cinema na década de 1960 e o retorno das preocupações nacionais nos anos 1990. Na opinião de Ismail, se a questão da identidade nacional continua a ser uma força vital nos filmes da década de 1990, houve diferenças significativas à medida que o foco muda da teleologia social para a psicologia individual, da opressão do Estado ao do crime organizado, do bandido social ao criminoso cínico, do romantismo revolucionário à cultura pop. Sua análise leva à formulação do que ele considera os principais enfoques do cinema brasileiro no período em questão: o "encontro pessoal inesperado" e o "caráter ressentido". No que diz respeito ao primeiro, Ismail explica que "os filmes brasileiros revelam sua conexão com o estado atual da sensibilidade, mostrando sua preocupação com os aspectos humanos da compressão do espaço e do tempo inerentes ao mundo da alta tecnologia"[2]. Quanto ao último, ele ressalta o "desconforto compartilhado

---

2   Lúcia Nagib, *The New Brazilian Cinema*, Londres: I. B. Tauris, 2013, p. 50.

por um grande grupo de personagens que têm suas mentes no passado e que estão obcecados por planos de vingança de longa data"[3]. Ismail chega a ponto de ver o ressentimento "como um diagnóstico nacional"[4], um sentimento que decorre da falta de esperança política. Ele conclui notando em filmes como *Central do Brasil* (1998), de Walter Salles, uma "figura de redenção" representada pela criança, descrita como um "reservatório moral que ainda pode gerar compaixão"[5].

Cinema popular

Fiquei grata a Ismail pelo convite para apresentar minha pesquisa na ECA-USP em 2002 e para testar em um público brasileiro minhas teorias sobre o cinema brasileiro popular, que culminaria em uma publicação conjunta com Lisa Shaw intitulada *Popular Cinema in Brazil* [Cinema popular no Brasil], publicado em 2004 pela Manchester University Press. É interessante refletir sobre o número de citações do trabalho de Ismail nesse livro e em outro, *Brazilian National Cinema* [Cinema nacional brasileiro], de 2007, que também escrevi com Lisa Shaw. Em termos de publicações em língua inglesa, uma das muitas contribuições de Ismail para a pesquisa tem sido publicar sobre uma ampla gama de tópicos e filmes. Além das várias adaptações aqui citadas, e das análises da produção do período do Cinema Novo, há, por exemplo, uma retrospectiva perspicaz do documentário brasileiro: "Ways of Listening in a Visual Medium: The Documentary Movement in Brazil" [Modos de ouvir em um meio visual: o movimento documentário no Brasil][6], no qual Ismail demonstra como os documentários fazem uso de novas abordagens para o problema da representação.

---

3   *Ibidem*, p. 55.
4   *Ibidem*.
5   *Ibidem*, p. 62.
6   Publicado na *New Left Review*, 2012, n. 73. Ismail também publicou sobre o o documentário brasileiro, no livro organizado por Lúcia Nagib e Cecília Mello, *Realism and the Audiovisual Media* [Realismo e a mídia audiovisual], o ensaio "Character Construction in Brazilian Documentary Films: Modern Cinema, Classical Narrative and Micro-Realism" [A construção de personagens nos filmes documentários brasileiros: cinema moderno, narrativa clássica e microrrealismo] (Palgrave/McMillan, 2009, pp. 210-23).

Há poucos textos escritos em inglês sobre o cinema brasileiro que não citam o livro pioneiro de Ismail em inglês *Allegories of Underdevelopment: Aesthetics and Politics in Modern Brazilian Cinema* [Alegorias de subdesenvolvimento: estética e política no cinema brasileiro moderno], publicado em 1997 pela University of Minnesota Press e baseado em sua tese de doutorado defendida na Universidade de Nova York, sob a orientação de Annette Michelson. Por incrível que pareça, na época quase não havia estudos dedicados exclusivamente ao assunto do cinema brasileiro disponíveis em inglês. O livro contém um capítulo introdutório especialmente para o público de língua inglesa, fornecendo uma introdução clara e sucinta ao contexto sociopolítico do Cinema Novo e do Cinema Marginal. Dessa forma, o livro é leitura essencial para qualquer estudante que decida pesquisar o tema. Os capítulos subsequentes aprofundam essa análise de tal forma que a modéstia de Ismail ao afirmar na introdução do livro que sua cobertura do Cinema Novo é limitada parece não ter fundamento. Da mesma forma, os breves panoramas do "Tercer Cine" ["Terceiro Cinema"] argentino e do "Cine Imperfecto" ["Cinema Imperfeito"] cubano contidos na introdução são excelentes em termos de utilidade e acessibilidade, e é interessante notar a opção de Ismail de contextualizar o Cinema Novo em uma leitura de outros movimentos revolucionários cinematográficos na América Latina. Isto faz sentido para o seu público-alvo, que provavelmente teria chegado ao cinema brasileiro por meio de um estudo prévio do cinema latino-americano em língua espanhola, dada a natureza dos programas de graduação nos Estados Unidos e no Reino Unido, por exemplo. A cópia de *Allegories of Underdevelopment* na biblioteca da Universidade de Leeds está caindo aos pedaços, de tão consultada que é por alunos e docentes de Estudos de Cinema, Estudos Brasileiros e Estudos Culturais.

A importância da contribuição de Ismail para a teorização de alegorias cinematográficas foi devidamente reconhecida pela sua inclusão no livro organizado por Toby Miller e Robert Stam, *A Companion to Film Theory* [Guia de teoria de cinema], em 2003, e publicado pela Wiley Blackwell. No capítulo "Historical Allegory" [Alegoria histórica], Ismail desenvolve suas ideias sobre alegorias, que ele define sucintamente como "a representação de destinos nacionais através de um processo codificado de narração"[7]. Ismail dá nuance à amplamente di-

---

[7] Toby Miller e Robert Stam, *A Companion to Film Theory*, Hoboken: Wiley Blackwell, 2003, p. 335.

vulgada visão de Fredric Jameson sobre alegorias no "terceiro mundo", que ele considera demasiado esquemática, e oferece um panorama historicamente enraizado de "World Cinema" e suas ligações com o mundo alegórico.

Ismail Xavier contribuiu para as principais coleções de ensaios sobre cinema latino-americano publicadas em inglês que aparecem nas bibliografias de cursos de Estudos de Cinema. Além dos dois livros mencionados, temos o *New Latin American Cinema* [Novo cinema latino-americano], de 1997, com organização de Michael T. Martin; *Mediating Two Worlds* [Mediando dois mundos], de 1993, dos organizadores John King, Ana M. López e Manuel Alvarado; *The Social Documentary in Latin America* [O documentário social na América Latina], de 1990, de Julianne Burton; *Brazilian Cinema* [Cinema brasileiro], de 1995, organizado por Randal Johnson e Robert Stam. Este último inclui um verdadeiro *tour de force* à guisa de uma leitura excepcionalmente sofisticada da representação da história em *Deus e o diabo na terra do sol* (1964), de Glauber Rocha[8]. Aqui é preciso ressaltar a importância da existência de leituras detalhadas e sofisticadas de filmes brasileiros, a fim de facilitar a inclusão dessa cinematografia em cursos de cinema. Então podemos dizer que o que Robert Stam fez por *Terra em transe* (1967), de Glauber Rocha[9], Ismail fez por *Deus e o diabo*. No mesmo volume, ele também é coautor de um longo ensaio seminal com Robert Stam e João Luis Vieira intitulado "The Shape of Brazilian Cinema in the Postmodern Age" [A forma do cinema brasileiro na era pós-moderna].

Ismail Xavier está claramente empenhado em incentivar a leitura e a compreensão do cinema brasileiro nos programas de Estudos de Cinema, garantindo que a pesquisa dessa produção não se limite aos programas de língua portuguesa nas universidades do Reino Unido e dos Estados Unidos (não que isso não seja também importante). Recentemente, trabalhei como cotradutora com Ismail e Lúcia Nagib em um projeto para trazer os ensaios de Glauber Rocha para um público de língua inglesa. Ismail foi instrumental em me incentivar a aceitar a tarefa bas-

---

8 No ensaio, Ismail contesta o que chama de rótulo simplista, muitas vezes dado ao filme, de "barroco", "presumivelmente expondo alguma hipotética 'essência' brasileira". "Black God, White Devil: The Representation of History", em Randal Johnson e Robert Stam (orgs.), *Brazilian Cinema*, Nova York: Columbia University Press, 1995, pp. 134-48.
9 "Land in Anguish: Revolutionary Lessons", *Jump Cut*, 1976, n. 10-11, pp. 49-51.

tante onerosa de organizar, junto com Maite Conde, uma coleção de traduções dos ensaios de Paulo Emílio Sales Gomes.

O impacto da pesquisa de Ismail fora do Brasil não está limitado, é claro, às suas substanciais publicações em inglês. Os estudiosos que pesquisam o cinema brasileiro e que leem em português citam com muita frequência, por exemplo, *O olhar e a cena*, um ensaio seminal sobre a *Cinearte* e sua pesquisa sobre telenovelas, para citar apenas três publicações[10].

Lembro que na minha primeira experiência da Socine em 1998, já notei uma curiosidade por parte de estudiosos brasileiros por expressões cinematográficas populares (popular no sentido de sucesso comercial). Como Paulo Emílio antes dele – uma grande inspiração para ele, como sabemos –, Ismail contribuiu diretamente para ampliar o cânone do cinema brasileiro por meio de suas leituras perspicazes e detalhadas de filmes populares ao lado de filmes mais consagrados, digamos, do Cinema Novo. Ismail não se esquiva de elogiar filmes de gênero, como *O invasor* (2001), de Beto Brant, reconhecendo o potencial de tais produções para se envolver com a análise política[11]. Em 2002, Ismail escreveu uma resenha elogiando *Cidade de Deus* (2003), de Fernando Meirelles e Kátia Lund, para a revista britânica de cinema *Sight and Sound*, com o título "Angels with Dirty Faces" [Anjos de cara suja]. O filme era adorado pelo público e pela crítica do Reino Unido, mas desprezado por muitos acadêmicos da área de cinema.

Avançando até 2006, Lúcia Nagib, recentemente instalada como diretora do novo Centre for World Cinemas [Centro de Cinemas Mundiais] em Leeds, fez o possível e o impossível para atrair Ismail e sua esposa Isaura para lá por um período mais longo. Ismail assumiu o prestigioso Leverhulme Visiting Professorship [professor visitante com bolsa Leverhulme] em Leeds em 2007, onde, mais uma vez, provou ser muito generoso e encorajador com membros da comunidade de pós-graduação, e extremamente produtivo em termos de sua própria

---

10   *O olhar e a cena*, São Paulo: Cosac Naify, 2003; "O sonho da indústria: a criação da imagem em *Cinearte*", em Ismail Xavier, *Sétima arte: um culto moderno*, São Paulo: Perspectiva, 1978, pp. 167-97; "Melodrama ou a sedução moral negociada", *Novos Estudos Cebrap*, n. 57, pp. 81-90, 2000.

11   Veja a análise de *O invasor* em "The Modern and the Contemporary: Two Representations of the Metropolis in Film", *Review: Literature and Arts of the Americas*, 2007, v. 39, n. 2, pp. 118-97.

pesquisa. O que é importante destacar em relação ao seu tempo em Leeds é que o convite se baseou em seu conhecimento de World Cinema, em oposição ao cinema exclusivamente brasileiro, ajudando assim a destruir o mito prevalente de que, para as instituições de ensino superior europeias e norte-americanas, pesquisadores da área de humanas de países "em vias de desenvolvimento" servem apenas para pesquisar e refletir sobre suas próprias culturas.

É evidente que, apesar de minha memória fraca, me lembro perfeitamente de minhas interações com Ismail. Isto demonstra quão importantes esses encontros eram e continuam sendo para mim, tanto profissional como pessoalmente. Foi uma alegria passar um período de tempo como colega de trabalho dele na Universidade de Leeds. Ali, trocando ideias sobre cinema e o contexto político e social mais amplo da produção cinematográfica, obtive excelentes conselhos sobre publicação de pesquisa e desfrutei de sua companhia socialmente. Ele e Isaura eram infalivelmente educados ao aceitar convites para a minha casa, apesar de saberem muito bem que seriam submetidos a minha culinária notoriamente ruim.

Ismail Xavier   O OLHAR E A CENA

ismail:
cinema
e
literatura

palavra
e imagem:
vasos
comunicantes

José Geraldo Couto

A literatura está sempre presente, de modo direto ou indireto, na produção de Ismail Xavier. O artigo mapeia sua fortuna crítica, bibliográfica e em revistas científicas, e demonstra como tem desenvolvido uma reflexão sistemática e refinada sobre os variados modos de relacionamento entre a palavra escrita e a expressão audiovisual.

A reflexão sobre a literatura em suas interações com o cinema perpassa, em graus diversos, toda a produção teórica, crítica e ensaística de Ismail Xavier. Talvez fosse mais correto dizer que uma profunda consciência literária está subsumida em seu pensamento sobre o cinema. Não à toa, seus grandes mestres imediatos foram Paulo Emílio Sales Gomes, orientador de seu mestrado, e Antonio Candido, que o orientou no doutorado. O primeiro, a par de pesquisador e pensador do cinema, tinha uma formação literária refinada e robusta; do segundo, basta dizer que foi o maior crítico literário brasileiro do século XX.

Atento às relações de afinidade e continuidade entre o chamado cinema clássico (em especial Griffith, um de seus artífices mais seminais) e formas narrativas características do século XIX – o romance realista, o folhetim, o melodrama, o teatro burguês –, bem como à inspiração de boa parte do cinema moderno em fontes literárias de vanguarda e experimentação, Ismail acabou por desenvolver e aguçar um modo de observar as relações entre os dois meios de expressão que é ao mesmo tempo rigoroso e aberto às especificidades de cada caso.

Alguns de seus textos nesse terreno são mais gerais, sistemáticos e mesmo didáticos, como o ensaio "Do texto ao filme: a trama, a cena e a construção do olhar no cinema", publicado no livro coletivo *Literatura, cinema e televisão*, de 2003. Ali, ancorado no lema "ao cineasta ao que é do cineasta, ao escritor o que é do escritor", o autor aborda os mais diversos casos de passagem do discurso escrito ao audiovisual, tendo como eixo questões como foco narrativo, ponto de vista, construção do olhar, "valendo as comparações entre livro e filme mais como um esforço para tornar mais claras as escolhas de quem leu o texto e o assume como ponto de partida, não de chegada".

Outros artigos e ensaios focalizam de modo mais detido obras específicas, transposições e diálogos particulares. São exemplares, nesse sentido, suas análises da leitura de Graciliano Ramos por Leon Hirszman, de Chico Buarque por Ruy Guerra, de Raduan Nassar por Luiz Fernando Carvalho, bem como das diversas transposições da obra de Nelson Rodrigues para as telas. Falaremos sobre algumas delas mais adiante.

Do texto ao filme

Por ora, voltemos ao referido ensaio "Do texto ao filme". Logo de início, Ismail constata que, no universo da crítica, as noções anteriores de "fidelidade" ou "traição" foram há muito substituídas pela ideia do "diálogo" quando se pensa a relação entre filmes e obras literárias que estão na sua origem. Adotou-se uma atenção aos "deslocamentos inevitáveis que ocorrem na cultura" e a apreciação do filme como "nova experiência", com a especificidade de seus meios de olhar, mostrar, dizer.

Munidos dessa nova perspectiva, os críticos atentam para "o que é específico ao literário (as propriedades sensíveis do texto, sua forma) e procuram sua tradução no que é específico ao cinema (fotografia, ritmo da montagem, trilha sonora, composição das figuras visíveis das personagens)". Essa visão, embora seja um passo adiante em relação às antigas concepções de "fidelidade", ainda aprisiona o cineasta a uma posição um tanto servil ao texto original, seu papel se limitando apenas a buscar correspondências audiovisuais com as estratégias narrativas da obra literária, tendo como intuito repetir por outros meios a mesma experiência de observação e recriação do mundo.

Nas palavras de Ismail, "tal procura se apoia na ideia de que haverá um modo de fazer certas coisas, próprias ao cinema, que é análogo ao modo como se obtém certos efeitos no livro, 'modo de fazer' que diz respeito exatamente à esfera do estilo". E a esfera do estilo, ressalta o autor, é algo menos pacífico ou consensual que observações sobre alterações do enredo ou aspectos da forma narrativa.

Voltando ao nosso problema da adaptação, um filme pode exatamente só estar mais atento à fábula extraída de um romance, tratando de tramá-la de outra forma, mudando, portanto, o sentido, a interpretação das experiências focalizadas. Ou pode, no outro polo, querer reproduzir com fidelidade a trama do livro, a maneira como estão lá ordenadas as informações e dispostas as cenas sem mudar a ordem dos elementos. Em qualquer dos casos, todos os críticos estarão de acordo que, nesse aspecto, é possível saber com precisão o que se manteve, o que se modificou, bem como o que se suprimiu ou acrescentou. Mas dificilmente haverá consenso quanto ao sentido de tais permanências e transformações, pois elas deverão ser avaliadas em conexão com outras dimensões do filme que envolvem elementos que se sobrepõem ao eixo da trama, como os elementos de estilo que engajam os traços específicos ao meio[1].

A partir dessa constatação, desse desbastamento do terreno, Ismail aborda sumariamente no texto as questões do "foco" e do "ponto de vista" para a construção do olhar na literatura e no cinema, em torno de uma série de exemplos concretos: *Morte em Veneza* (1971) por Visconti, *Brás Cubas* (1985) por Bressane, o projeto frustrado de Eisenstein de filmar *Uma tragédia americana* (1931), de Theodore Dreiser etc., antes de se debruçar sobre as várias leituras de Nelson Rodrigues pelo cinema brasileiro – tema que desenvolveria com mais vagar e profundidade no livro *O olhar e a cena*.

---

1 Ismail Xavier, "Do texto ao filme: a trama, a cena e a construção do olhar no cinema", em *Literatura, cinema e televisão*, São Paulo: Editora Senac São Paulo/Instituto Itaú Cultural, 2003, pp. 66-7.

Demorei-me um pouco nesse artigo de 2003 por seu caráter introdutório e geral, mas Ismail Xavier já havia enfrentado anteriormente inúmeras vezes, de modo ainda mais agudo, as complexas questões do diálogo, interação e/ou atrito entre obras cinematográficas e os textos literários que as provocaram de alguma maneira. Uma das abordagens mais ricas dessas instáveis relações está no ensaio "O olhar e a voz: a narração multifocal do cinema e a cifra da história em *São Bernardo*", publicado na revista *Literatura e Sociedade*, da USP, em 1997.

Ali, antes de fazer um exame cerrado, rigoroso, do filme *São Bernardo* (1972), de Leon Hirszman, em seu cotejo com o romance de Graciliano Ramos (publicado em 1934), o autor aponta os limites dos termos que qualificam a figura do narrador no cinema (com raízes na "teoria do discurso narrativo" e na tradição anglo-saxônica de estudo do "ponto de vista") para dar conta de certos processos específicos do meio. Daí a necessidade de um novo vocabulário, que contemple, por exemplo, a diversidade de focos, a chamada "montagem vertical" (dentro de cada plano), as relações entre voz e imagem, constituintes de uma "esfera específica, resistente às noções e ferramentas que a análise do filme partilha com a análise do romance".

É a atenção a essa "esfera específica" que permite a Ismail mostrar de que maneira a organização do espaço, a *mise-en-scène*, o uso do foco e da iluminação e a incidência da trilha sonora fazem do *São Bernardo* de Leon Hirszman muito mais do que uma tentativa de alcançar uma mera correspondência audiovisual com o romance de Graciliano Ramos. A experiência do cineasta resulta em verdadeiro diálogo, atualização e eventualmente descompasso em relação ao texto original. Não se trata, portanto, de uma prática de reverência a uma obra canônica, pacificada por sua inscrição na cultura "oficial", mas da busca de sua seiva viva, propiciadora de inquietação e desejo de transformação.

Nelson Rodrigues no cinema

O mesmo instrumental refinado e a mesma atenção às sutilezas do fazer literário e do fazer cinematográfico permitem a Ismail Xavier, no citado livro *O olhar e a cena*, investigar de forma ampla e sistemática as várias – e díspares – abordagens do universo de Nelson Rodrigues no cinema, desde o pioneiro *Meu destino é pecar* (1952), de Manuel Peluffo, até as mais recentes produções da Conspiração Filmes e minisséries de TV.

Alguns momentos dessa vasta cinematografia inspirada no dramaturgo pernambucano-carioca merecem ênfase especial no livro: a fase do Cinema Novo (em particular *Boca de Ouro*, de Nelson Pereira dos Santos, e *A falecida*, de Leon Hirszman), as versões de Arnaldo Jabor (*Toda nudez será castigada* e *O casamento*) e Neville D'Almeida (*A dama do lotação* e *Os sete gatinhos*).

E aqui entra em cena, com grande clareza, a percepção literária de Ismail Xavier. Um dos méritos de sua abordagem é, logo de início, encarar a variada produção de Nelson Rodrigues (peças de teatro, romances, crônicas) não como um mero inventário de taras e perversões, mas como uma ambígua e contraditória leitura do mundo, entre a constatação do desmoronamento de uma velha ordem moral, baseada na autoridade do pai de família, e a descrença diante dos novos costumes e valores. Uma literatura agônica, convulsa e sempre trágica, mesmo em seus momentos de ironia e derrisão. O olhar de Ismail compreende (no sentido de abranger e também no de entender) essa literatura como um todo, sem perder de vista a especificidade de suas subdivisões: tragédias cariocas, peças míticas, romances, folhetins, crônicas.

Esse extenso patrimônio literário tem sido explorado – e às vezes saqueado – por cineastas das mais variadas tendências há mais de cinco décadas. Cada realizador vai buscar no universo rodriguiano aquilo que mais lhe interessa em termos estéticos, morais, sociais ou políticos – e, não raro, comerciais.

Ao abordar, caso a caso, as numerosas versões cinematográficas de obras de Nelson Rodrigues, Ismail leva em conta inúmeros vetores: o texto original, o contexto sociopoliticocultural em que se deram as filmagens e a recepção da fita, sua inserção na filmografia do diretor e nas tendências do cinema da época etc., mas nada disto substitui ou se sobrepõe ao exame detido do filme em si, em suas relações internas. Há um permanente trânsito entre essas instâncias, de tal maneira que elas iluminam umas às outras sem que haja qualquer relação mecânica causal ou de mão única entre elas.

De particular interesse para Ismail é o modo como o Cinema Novo, em sua primeira fase, estabeleceu uma relação ambígua, ao mesmo tempo de aproximação e atrito, com o universo do dramaturgo. Cineastas como Nelson Pereira dos Santos e Leon Hirszman buscaram conciliar à sua maneira o desencanto (ou desespero) moral de Nelson Rodrigues, sua condenação universal do homem, com a crítica social progressista e a concepção histórica transformadora que estavam na base do movimento.

Ao analisar o *Boca de Ouro* (1963), de Nelson Pereira, por exemplo, o autor destaca a maneira como ele rearticula os "três polos temáticos" da peça (escrita em 1958): o mito, o teatro da mídia e a cena familiar. À concentração espaçotemporal da peça, o filme opõe "uma expansão do terreno das ações pela inclusão do mundo da rua e dos espaços públicos da cidade que, embora assumida como lugar do mito, revela no filme novos pontos de fuga, saídas laterais". É um pouco como se o cineasta buscasse encaixar a dramaturgia do outro Nelson em sua própria estética de pendor neorrealista.

Detendo-se atentamente em algumas cenas cruciais, como a do consultório dentário em que o protagonista realiza o procedimento de substituir todos os dentes por uma dentadura de ouro, Ismail mostra que o filme reforça uma leitura realista da trajetória criminosa do bicheiro. Outras passagens são esmiuçadas de modo a evidenciar os deslocamentos e até eventuais inversões de sentido em face do texto original. Dos enquadramentos à iluminação, dos movimentos de câmera à interpretação dos atores, nada escapa ao olhar do crítico quando se trata de detectar as tendências fulcrais da leitura de Nelson Rodrigues por Nelson Pereira.

Em *A falecida* (1965), de Leon Hirszman, Ismail Xavier nota antes de tudo a opção do cineasta pelo tom "sério-dramático" de enfrentamento da peça original, encenada pela primeira vez no teatro em 1953. Mostra, além disto, de que maneira a montagem incomum de certas sequências, com elipses abruptas e descontinuidade de imagem e fala, acaba por reforçar, na primeira parte do filme, um senso do casal de protagonistas (Zulmira e Tuninho) "como mônada isolada", contrastando com a brevidade e o tom de crônica das poucas sequências que se passam fora do espaço doméstico.

De acordo com a observação arguta de Ismail, o cineasta constrói sua narrativa de modo a destacar a expressividade do corpo da personagem-título (vivida por Fernanda Montenegro) e sua centralidade para o sentido do relato. Da mesma forma, no desfecho, depois da morte de Zulmira, "Hirszman radicaliza o teor dessa catarse [do personagem Tuninho] e assume o risco do patético, sustentando um longo primeiro plano do rosto de Ivan Candido em prantos".

Na leitura do crítico,

> [...] o filme descarta matrizes como a do "eterno retorno" e também os variados diagnósticos da humanidade como instância do logro, da desgraça ou do fracasso irremediáveis. Pelo contrário, consolida em seu último lance um estilo de representação que procurou adensar o drama do casal dentro do quadro precário que o circunscreve[2].

Em suma, correndo aqui o risco de ser demasiado simplista ou redutor, Leon Hirszman de certa forma insere a fabulação de Nelson Rodrigues numa concepção histórica das relações humanas, tirando-a do âmbito da parábola moral de caráter universalizante e atemporal. O foco do cineasta está, de acordo com Ismail, nas "vicissitudes do masculino e do feminino na particularidade da situação partilhada por Zulmira e Tuninho". O crítico aproveita para estabelecer um paralelo entre a personagem Zulmira e a Madalena de *São Bernardo*, tal como apresentada no filme dirigido pelo mesmo Hirszman.

---

2 Ismail Xavier, *O olhar e a cena*, São Paulo: Cosac Naify, 2003, p. 282.

Igualmente fecunda é a análise de Ismail Xavier das versões de Arnaldo Jabor para *Toda nudez será castigada* (filme de 1973, peça de 1965) e *O casamento* (filme de 1975, romance de 1966). Em *Toda nudez*, a par de observar a tendência de reforço das cores vivas e do *kitsch* como elementos de vitalidade da personagem da prostituta Geni (Darlene Glória), em contraste com o mundo sombrio e mofado da família decadente do moralista Herculano (Paulo Porto), o crítico mostra como a organização interna do filme e o método de construção de suas cenas fazem de Geni não apenas o foco narrativo, mas também o elemento que virtualmente rompe o círculo vicioso de melancolia, decadência e repetição sugerido na peça original.

A prostituta suicida, cujo depoimento à beira da morte desencadeia retrospectivamente toda a narração, é, paradoxalmente, a vítima sacrificial daquele mundo condenado e ao mesmo tempo a centelha de vida que aponta para a sua superação. O mais fascinante, na abordagem de Ismail, é o modo como esse sentido se revela nos detalhes de fatura cinematográfica escolhidos e praticados por Jabor.

Brilhantes também são as relações transversais que o crítico estabelece entre personagens de várias obras de Nelson Rodrigues, tal como retratados nos filmes. Por exemplo, as figuras de pais impotentes ou fracassados, destituídos de seu poder patriarcal em *O casamento*, *Toda nudez* e *Os sete gatinhos* (Neville D'Almeida, 1980).

Primeira pessoa

Nos anos seguintes, Ismail Xavier refinou ainda mais a sua percepção para as sutilezas das relações entre obras específicas de cinema e literatura, sobretudo aquelas fundadas da narração em primeira pessoa. Por exemplo, na análise dos filmes *Estorvo* (2000), de Ruy Guerra, a partir do livro de Chico Buarque (1991); *Lavoura arcaica* (2001), de Luiz Fernando Carvalho, do livro de Raduan Nassar (1975); e *Nome próprio* (2007), a partir de textos de Clara Averbuck.

Fiquemos no caso de *Estorvo*, ambiciosa tentativa de Ruy Guerra de estabelecer um diálogo criativo com o igualmente ambicioso, ainda que breve, romance de Chico Buarque. No ensaio "O olho mágico, o abrigo e a ameaça: convulsões – Ruy Guerra filma Chico Buarque", publicado em 2009 na revista *Matrizes*, da USP, Ismail fala da busca do cineasta pela maneira mais efetiva de emular a delirante narrativa do livro em primeira pessoa, com sua "subjetividade exilada", sua "desfiguração do espaço urbano", seu "protagonista excêntrico". O desafio do filme era fazer jus à percepção fragmentada do espaço e à sucessão temporal baseada na parataxe que compõem o livro.

O filme, de acordo com o crítico, incorpora em sua construção o "narrador autodiegético" (segundo a definição de Gérard Genette), isto é, aquele que conta sua própria história, mas aqui com um "estatuto alterado". Para começar, o diretor dispôs de duas vozes, a do narrador-protagonista (Ruy Guerra, em *voice over*) e a do ator que o encarna (o cubano Jorge Perugorría). Nesse embaralhamento de vozes, os verbos estão sempre no presente, abolindo qualquer hiato entre o vivido e o narrado.

Em várias passagens, o comportamento da câmera faz uma rima com o tipo de olhar implicado no relato das vozes, de modo a buscar uma afinidade entre os diferentes canais de expressão, imprimindo no próprio estilo do filme a fragmentação e a desorientação, de modo a fazer o espectador vivenciá-las, em vez de usufruir, no conforto de um olhar externo, os dados da experiência em foco como informação clara e distinta[3].

Ainda que voltado especificamente para o exame concreto dessa experiência única que é o filme de Ruy Guerra, o texto de Ismail aponta para um enriquecimento da abordagem mais geral de questões relacionadas à transposição/transcriação de obras literárias no cinema: "A mescla indistinta do subjetivo e do objetivo compõe, no filme, uma variante do estilo indireto livre que se constitui toda vez que um texto literário com narrador autodiegético se inscreve no corpo de um filme e interage com os outros canais de enunciação".

Entre esses canais de enunciação, que são inúmeros, há, por exemplo, o uso da

---

3 Ismail Xavier, "O olho mágico, o abrigo e a ameaça: convulsões – Ruy Guerra filma Chico Buarque", *Revista Matrizes*, São Paulo, 2009, ano 2, n. 2, p. 20.

lente grande-angular, deformando o corpo dos personagens e a cenografia, e a incidência dos ruídos e da música na trilha sonora, configurando a chamada "montagem vertical", que sempre problematiza e dificulta a definição de um único ponto de vista, de um único olhar, de uma única voz.

Buscando sempre a imagem concreta que traduz ou sintetiza visualmente uma determinada ideia, um determinado sentido, o crítico a encontra no plano final:

> Ferido, ele [o protagonista não nomeado] entra no ônibus desequilibrado, contraído pela dor e manchado de sangue, procurando um apoio que acaba por encontrar na janela onde pressiona o seu rosto que se achata e desfigura, de modo a compor o emblema de todo o processo: neste momento, o seu corpo, em agonia, recolhe as feridas de toda a jornada.

Nunca é demais lembrar que a análise de Ismail Xavier é muito mais sofisticada e matizada do que pode fazer crer este meu resumo precário.

Mas a presença da literatura na produção intelectual do crítico vai além de suas reflexões específicas sobre a transposição ou adaptação de obras literárias. Ela aparece também nas conexões que Ismail estabelece, por exemplo, entre o modernismo de 1922 e certas vertentes do Cinema Novo e do cinema dito Marginal, ou na observação da persistência da influência de Nelson Rodrigues nas fitas de Arnaldo Jabor posteriores a suas versões de obras do dramaturgo, ou mesmo na incorporação "natural", orgânica, da estilística de Erich Auerbach como instrumento de leitura dos filmes de ficção.

De um modo ou de outro, a literatura e o cinema, na percepção privilegiada do crítico, são interlocutores permanentes, vasos comunicantes, ainda que tal comunicação nem sempre seja harmônica e pacífica. O que importa é que essa interação, esse entrechoque, sempre potencializa e enriquece a leitura de uma e outro, sobretudo quando se conta com a orientação de um guia como Ismail Xavier.

quando a literatura se faz imagem: alegoria e olhar na obra de Ismail Xavier

Pablo Gonçalo

O texto defende que, seja pela ênfase na decupagem, seja pela moldura histórica do olhar, a obra de Ismail Xavier, ao perpassar os diálogos entre cinema e literatura, priorizou a consolidação de certos dispositivos visuais. Alegoria e melodrama, nesse recorte, revelam-se como fundamentais e vão além do debate sobre a adaptação.

Início dos anos 2000, USP, Praça do Relógio. Caminho. Apresso, apressamos o passo para chegarmos na hora. Estou com mais duas amigas, Lila e Laura, e não me lembro muito bem se nosso encontro ocorreu no ponto de ônibus ou em frente a alguma biblioteca. Durante o percurso conversávamos animados, pois, claro, assistiríamos a uma aula de história do cinema, algo inusitado para estudantes como nós, vindos da filosofia e das ciências sociais. Mais: era uma aula do Ismail, onde descobríamos filmes clássicos, formas de análise, conceitos, trajetórias, "autores" do cinema. Ao fim da sessão, entre salas de aula e poltronas de cinema, voltávamos empolgados, encantados que estávamos, jovens então, a recuperar, a reter, ansiosos, algum trecho do filme, algum tema do debate, a prolongar o prazer da experiência cinematográfica.

Naquele início de milênio, as aulas matutinas do professor Ismail ampliavam o fervor cinéfilo que São Paulo, como metrópole, tão bem abrigava. Da aula, ainda hoje me lembro das longas e minuciosas sessões com obras dos irmãos Lumière, de George Méliès e Fritz Lang, quando víamos a magia desse primeiro cinema e acompanhávamos, quase filme a filme, quadro a quadro, toda a consolidação da linguagem cinematográfica clássica. Com o controle remoto nas mãos, Ismail congelava as imagens, traduzia e analisava planos precisamente escolhidos, que se revelavam com inúmeras e milimétricas potências interpretativas. Ainda hoje, quando leciono um pouco sobre cinema clássico, me flagro a pronunciar algumas daquelas mesmas palavras, vendo os mesmos trechos, de tão marcantes que foram aqueles instantes. Poucos dias depois, víamos *O nascimento de uma nação* (1915), de D. W. Griffith, e a análise agora expandia-se rumo à conjuntura histórica dos Estados Unidos, os discursos, as práticas raciais, a recepção do filme à época de sua estreia. Descobríamos outro Griffith, que passava de um diretor comum, meramente racista e convencional, como a cinefilia costumava classificá-lo, a uma figura essencial para o cinema. Do plano à história, das grandes narrativas aos detalhes e gestos dos personagens, aprendíamos, naquelas manhãs, uma forma de olhar o cinema imbuído de história – e parte da história do século XX perfilava, serenamente, entre poucos planos, entre sequências certeiras.

Da sala de aula aos livros. Dos livros às suas palestras sobre Cinema Novo, Glauber Rocha, Rogério Sganzerla. Todo um universo abria-se, porém antes se mostrava permeado pelo espaço da sala de aula, pela exibição de trechos primorosos, pelos debates acalorados que envolviam e dividiam alunos. Afirmo, sem hesitar, que suas aulas privilegiavam e aconteciam como um genuíno instante cinéfilo. Se me permito, por outro lado, iniciar estas linhas com esses encontros mais biográficos – tão comuns em qualquer relação entre bons professores e alunos curiosos – é porque eles revelam faces indissociáveis de um acadêmico completo, totalmente dedicado à docência, pesquisa, crítica cinematográfica e organização do conhecimento que perpassou e atravessa o cinema. Há, no entanto, algo mais. Minhas breves cenas e descrições já nos conduzem a algumas imagens, a algumas sequências e, de forma adicional, à inclusão da experiência, da subjetividade, do relato em primeira pessoa. São cenas lidas, mas também vistas; imaginadas e, ainda que implicitamente, a dialogar com certo imaginário cinematográfico. Imagens afins às próximas linhas, onde todos esses aspectos tocam os acontecimentos literários e cinematográficos que foram e são objetos de reflexão do professor da Universidade de São Paulo.

Dessa ampla constelação, grifo, repetidamente, a palavra "experiência", que talvez seja uma linha possível a costurar e coligar boa parte desses vértices dispersos e tão peculiarmente entrelaçados pela sua trajetória. A experiência está lá no cerne da sua vivência cinéfila, nos momentos de encontro na sala de aula e como título da sua seminal antologia, que compila e apresenta textos essenciais de teoria do cinema do século XX. Sua noção de experiência, no entanto, também ousa perpassar outros campos. Ela desdobra-se num espectador que deixa de ser (somente) um leitor e de um leitor que precisa apurar seu olhar para vislumbrar um diálogo entre o cinema e a literatura, num voo que ultrapasse a seara da adaptação. É pela experiência, pela inclusão de um dispositivo literário que gesticula rumo a um olhar do sujeito (e a um sujeito a olhar), que se vislumbra a riqueza dos diálogos entre cinema e literatura tecidos por Ismail.

Uma literatura que se pensa imagem, uma cena que se mostra como literária

Há no conjunto da obra de Ismail uma clara ênfase imagética, cara a certa visualidade literária e à consolidação de uma específica cultura visual, com a qual o cinema possui um notável protagonismo. Essa tônica já se esboça nas suas interpretações e organizações sobre teoria e cinema, nos hoje clássicos e disseminados binômios de opacidade e transparência. A própria concepção de alegoria, como será detalhado nas próximas linhas, também pulsa nessa forma de contar, ver e trazer a história para a cena fílmica, de forma mais aguda quando diante das complexidades que foram sentidas pela geração de cineastas do Cinema Novo e do Cinema Marginal. Mais recentemente, na sua instigante análise sobre o melodrama, é ao dispositivo visual e narrativo de Alfred Hitchcock a Arnaldo Jabor que Ismail nos conduz.

Opacidade, transparência, alegoria, olhar, melodrama e cena. Quando todo esse amálgama de concepções sofisticadas é cotejado e cria um panorama conjunto, retrospectivo e contrastivo – o ponto de vista de uma obra permite vislumbrar uma intrigante teoria da narrativa cinematográfica. Uma concepção narrativo-literária-visual que articula diversos aspectos das principais teorias cinematográficas que foram contemporâneas à carreira de Ismail. De certa forma, essa argamassa conceitual perpassa a teoria semiótica de Christian Metz, a ênfase narratológica de David Bordwell, André Gaudreault e François Jost, a intertextualidade em Robert Stam, novas sendas alegóricas de Fredric Jameson, e flerta com aspectos da escopofilia com laivos da psicanálise vindos das primeiras pesquisas de Laura Mulvey; concentra, por fim, na sua obra, o cerne do debate acerca do dispositivo, que tem em Jean-Louis Baudry uma pedra fundamental. No entanto, ainda que latentemente e imbricado numa complexa tessitura, a formulação teórica de Ismail preenche uma notável lacuna em todos esses campos, sobretudo quando flertam com o aspecto literário: sua obra soergue, discretamente, uma teoria da literatura no cinema que não se furta da imagem nem a anula; ao contrário, é sempre a imagem – da janela, da moldura e da experiência do olhar – que sua obra teórica e interpretativa ousa alcançar e sobre a qual se debruça.

Comecemos pela alegoria. Uma das principais inquietações da formulação alegórica de Ismail Xavier se traduz nos trajetos de acontecimento da imagem, a qual surge como um fenômeno que possui, em si, um peculiar caminho cultural. Vinda da retórica antiga e clássica, a alegoria seria genuinamente uma figura literária que revela personagens, ações, acontecimentos os quais, num patamar simbólico, aludem, direta ou indiretamente, a contextos políticos, históricos, morais e mesmo de costumes. A alegoria ocorre quando "manifesta-se algo para aludir a outra coisa"[1].

Ao trazer a alegoria da retórica e da literatura para o cerne da sua análise literário-cinematográfica, Ismail torna claro como essa eclosão da imagem é permeada, mediada e mesmo afetada por diversas instâncias. De certa forma, a alegoria, ao tornar-se forma de análise da linguagem e da teoria cinematográfica, seria uma metamediação do seu acontecimento quando na tela fílmica. Uma

---

1 Ismail Xavier, "A alegoria histórica", em: Fernão Ramos, *Teoria contemporânea do cinema: pós-estruturalismo e filosofia analítica*, vol. 1, São Paulo: Senac, 2005, p. 354.

mediação simbólica para uma ideia política, uma situação histórica, o retrato de um país, mas também uma mediação essencialmente narrativo-visual, pela qual personagens passam a ser vistos de outra forma, a partir de outro recorte.

> Os casos mais interessantes de alegoria são aqueles nos quais a superfície do texto fornece respostas pouco satisfatórias às perguntas do leitor ou permanece propriamente enigmática, levando, assim, a um tipo de reconhecimento da opacidade da linguagem e exigindo a busca pelo significado oculto. Além das narrativas míticas, todos reconhecemos atos de comunicação fragmentários, mensagens aparentemente interrompidas, justaposições sugestivas de imagens que parecem enigmáticas ou "totalmente ilógicas" se nossa leitura se restringir ao que se encontra literalmente na superfície[2].

Quando vista (e percebida), a alegoria nos sugere uma leitura. Quando lida, desliza, realiza-se numa outra imagem. Ao nos depararmos com essa passagem com a atenção que ela requer, é possível perceber que a alegoria é tanto um acontecimento textual, encadeado pelo verbo quando vestido de símbolo, como um enigma visual. Mais: a alegoria pressupõe deslocamentos, movimentos constantes entre o que se vê e o que se lê, entre a opacidade da imagem e a revelação da leitura; ou na mão oposta, entre a opacidade do símbolo, sua mediação e a revelação da imagem. O que Ismail enfatiza como enigma é uma dialética entre a fragmentação e a totalidade, que é inerente à figuração alegórica, e também pode ser deduzida como uma dinâmica de metamorfose e química característica aos efeitos estéticos da alegoria; e no bojo dessa química encontramos um pouco das dinâmicas entre palavra e imagem, que caminham juntas, sem uma sobreposição ou sobrevalorização da interpretação imagética diante do verbo, ou vice-versa.

Em Ismail, contudo, e numa série de autores contemporâneos à sua geração, a alegoria amplia-se e começa a flertar, nas dele e em diversas outras pesquisas, com aspectos vinculados à representação de países, nações e outros símbolos de sociedades. Paulatinamente, a alegoria adquire feições históricas. É aqui que

---

2 *Ibidem*, p. 350.

a chamada dialética entre a fragmentação e o todo permite que países e suas situações político-culturais passem de enigmáticas a visíveis, de problemáticas a proposições de sínteses interpretativas. De um lado, e influenciado por Walter Benjamin, a alegoria revela-se como um sintoma, um rastro de uma crise maior da modernidade. Por outro, e agora embalado por Fredric Jameson, as experiências alegóricas brasileiras e latino-americanas culminariam numa experiência estética ímpar, onde se encontram fendas na totalização alegórica, já que são, por natureza, alegorias críticas, divergentes do todo, abertas, porosas, cujos deslocamentos geram um olhar mais distante, genuinamente vinculado ao estranhamento brechtiano, onde o todo e o símbolo são, também, ameaçadores.

Foi cadenciado por essa peculiar síntese que Ismail alcançou o seu título, e mesmo o conceito de "Alegorias do subdesenvolvimento". Desnecessário frisar que se trata de um trabalho de longo fôlego, que abriga, de forma bastante apurada e minuciosa, alguns dos principais filmes realizados no período abarcado pelo subtítulo: *Cinema Novo, Tropicalismo, Cinema Marginal*. Há diversas formas de adentrar nesse saboroso labirinto comparativo que é o livro de Ismail. No recorte proposto nestas linhas, vale lembrar de uma expressão de Glauber Rocha ao definir a sua geração como "genuinamente literária". Mais do que um adjetivo, o literário aqui se esboça como um projeto estético com forte verve política, nacionalizante; ou uma forma de pensar o país pela arte e a arte pelo país. Certeira, precisa e detalhada, a interpretação de Ismail Xavier diante das obras de Glauber Rocha, Rogério Sganzerla, Julio Bressane, Joaquim Pedro de Andrade, Andrea Tonacci e Walter Lima Jr. realça a alegoria como uma escolha estilística, mas também como um gesto de escrita, um ponto de partida que desdobra os enigmas da época, como a agonia, a exasperação, a modernização conservadora, a infantilização e outros emblemas que pairavam entre as famílias, os personagens e uma forma de retratar as ambivalências de uma nação fissurada pela ditadura.

Tomemos, a título de exemplificação, o caso do filme *Macunaíma* (1969), de Joaquim Pedro de Andrade, que é analisado com notável profundidade num dos capítulos de *Alegorias do subdesenvolvimento*. Mais do que a adaptação em si do romance de Mário de Andrade, ao enfatizar a alegoria de Joaquim Pedro de Andrade, Ismail reitera as principais escolhas visuais, cênicas, metafóricas. Para Ismail, Joaquim Pedro já realça, em sua adaptação, o cerne do romance original, o qual é permeado por um espaço-tempo alegórico, um herói com traços picarescos e medievais, que engata uma série de acontecimentos mágicos e traça personagens que bem caminham entre o homem comum e a estrutura narrativa mais mitológica. Inspirado pelo espírito *kitsch* do Tropicalismo da época, Joaquim Pedro, no entanto, insere diversos elementos na sua adaptação, tais como a carnavalização, a mágica malandragem do seu personagem, os dilemas cômicos e irônicos de suas metamorfoses diante do mito da democracia racial, suas agonias entre aspectos primitivos e civilizados, e ainda a figuração do tempo histórico próprio aos anos 1960, quando a personagem Ci revela-se como a guerrilheira urbana que o herói encontra numa magnífica sequência de elevadores de um edifício-garagem.

Sejam interpretativos ou estilísticos, são vários os emblemas alegóricos despertados pelo filme. Ver o ator Grande Otelo como um bebê é mais do que uma escolha narrativa, é uma aposta visual, indissociável do gesto alegórico do autor, no qual o Brasil é visto em sua infantilização tardia, um processo de despolitização que reafirma todo um espetáculo urbano, consumista, cadenciado pela moda. Imbuído de sua ironia tropicalista, Joaquim Pedro também enfatiza, em vários matizes visuais e narrativos, as contradições da modernização conservadora, para lembrar de Antonio Candido, que marcaram de forma aguda os anos 1960, durante a ditadura militar brasileira. Não por acaso, Ismail termina a sua análise do filme *Macunaíma* com o seguinte trecho:

> Com *Macunaíma*, a crítica ao messianismo militar – de inspiração tecnocrática, conservadora, excludente da maioria – recua ao segundo plano e cede lugar a uma incursão no mundo das representações, em que o cineasta examina as condições *sui generis* da integração do "jeito brasileiro" no mundo da técnica e do capital. Este mesmo mundo que, consolidado antes por uma mentalidade ascética, poupadora, voltada para o futuro, solicitaria agora um perfil hedonista, macunaímico, aos candidatos à vivência de seus padrões[3].

---

3 Ismail Xavier, *Alegorias do subdesenvolvimento: Cinema Novo, Tropicalismo, Cinema Marginal*, São Paulo: Brasiliense, 1993, p. 157.

É pela alegoria que a adaptação de Joaquim Pedro de Andrade, aos olhos de Ismail, se mostra, se torna possível. Cada interpretação, cada imagem alegórica tecida no filme também se esmera numa leitura, num peculiar dispositivo literário-visual de se aproximar da obra e de dialogar com seu tempo. Com um mote diverso, a alegoria revela-se tanto uma forma coerente de aproximação a esse conjunto de filmes como interpela a construção de um olhar sobre as figuras históricas de um período. Além de ser uma forma de contar, narrar, de gerar molduras visuais e ilustrativas de um determinado período histórico, ou das suas mediações entre a literatura e o cinema, a alegoria é também essencialmente um gesto e um viés interpretativo. Com a alegoria, com essas aproximações, passamos a ver o nosso próprio cinema de outra forma, por outro ponto de vista.

Da alegoria ao melodrama: D. W. Griffith, suas molduras, suas travessias

Complexa e coesa, a obra teórica e histórica de Ismail possui pontas dispersas que se unem em períodos distintos. Além de mesclar com precisão reflexão conceitual a pesquisa de vasto material empírico, Ismail também alternou, constantemente, entre autores de uma história mundial com outros cineastas e realizadores caros ao cinema brasileiro. Nesse panorama, a obra de D. W. Griffith é de fato um divisor de águas. Editada em 1984 pela Brasiliense, sua breve, concisa e preciosa introdução à obra do diretor norte-americano nos conduz, de forma bastante minuciosa, às diversas mediações e escolhas estilísticas que fizeram de Griffith o mestre da decupagem clássica. E aqui, os termos decupagem e encenação ocupam uma posição central na analítica e na exegese de Ismail. Foi uma exímia forma de enquadrar, de dispor e de entrever tradições dramáticas e literárias que transformou D. W. Griffith numa figura lendária na história do cinema. Mas suas transições entre filmes tão distintos como *O nascimento de uma nação* e *Lírio partido* (1919) permitem, sobretudo, detectar, em termos de uma genealogia histórica, uma tradução à câmera das formas de olhar vindas de heranças do passado. Seja pela alegoria ou mesmo pelo melodrama, os diálogos entre literatura e cinema na obra de Ismail sempre enfatizam a encenação, o enquadramento; ou, sintetizando, a câmera obtém um destaque, uma centralidade; abriga, traduz e reorienta-se, nas suas potentes gramáticas visuais, diante de formas de escrever, ver e sentir que vieram de heranças dramáticas, pictóricas, narrativas.

Ponto crucial na história do cinema, D. W. Griffith foi mais do que um ator e homem de teatro frustrado. Ele fez da câmera um dispositivo histórico; fez do *close*, e de toda uma logística clássica de decupagem, uma forma de ver e perceber que oscilaria entre acepções alegóricas e outras essencialmente melodramáticas. Mais do que filmar um *close up* em si, o que propiciou Griffith tornar-se D. W. Griffith foi, sobretudo, sua ênfase dramático-visual, quando, em termos diegéticos, inseridos no interior da realidade ficcional, aponta-se para esse recurso. "Todo pintor, todo poeta dramático será fisionomista"[4], como nos lembra Denis Diderot na sua principal obra sobre a poética dramática, escrita século e meio antes da emergência do cinema. Com Griffith, a câmera torna-se um *tableau*, um quadro dramático. Griffith é o primeiro cineasta que escreve e narra pela cena, visualmente, e que realiza gestos entre a câmera, a pantomima dos atores, os contrastes progressivos e paralelos, mas que mostra à câmera e com ela o que a literatura podia contar e aquilo que o teatro tornava presente. É como um ilusionista da arte cênica trazido à câmera, trazido como uma sensibilidade de forma de olhar, que Griffith alinha-se, direta ou indiretamente, aos principais conceitos dramáticos, poéticos e genuinamente visuais elaborados por Diderot. Griffith faz da câmera uma espécie de moldura, um *tableau* fílmico do *tableau* dramático apontado e teorizado pelo filósofo iluminista francês. Trata-se de uma longa e sinuosa travessia, mas cuja beleza dessas passagens e articulações históricas ainda vale a pena reter.

> Aplica à pantomima as leis de composição pictórica, e verás que são as mesmas. [...] É preciso dispor as figuras em conjunto, aproximá-las ou dispersá-las, isolá-las ou agrupá-las, extraindo uma sucessão de quadros, todos compostos de maneira grande e verdadeira. [...] Uma das principais diferenças entre o romance doméstico e o drama é que o romance segue o gesto e a pantomima em todos os detalhes, e o autor se dedica a pintar movimentos e impressões; enquanto o poeta dramático lança apenas uma palavra, de passagem[5].

---

4 Denis Diderot, *Discurso sobre a poesia dramática*, São Paulo: Cosac Naify, 2006, p. 95.
5 *Ibidem*, p. 122.

Se fôssemos, portanto, buscar um dos principais elementos que propiciasse, de forma objetiva, uma mediação entre a literatura e o cinema, esse elemento seria a decupagem; ou, se quiserem, o *tableau*, a forma como o quadro se mostra e conta; a forma como o *tableau* adere a estruturas sentimentais vindas do romance e do teatro, mas que são mediadas, traduzidas e embaladas por uma lógica e uma sensibilidade de visualização. Reitera-se, enfim, que sua concepção de literatura no cinema é fundamentalmente visual. São planos, são gestos, ora opacos, ora ilusionistas, que permitem ao cinema conectar-se com a literatura. É, por outro lado, pela imagem que a arte das letras e do verbo, que a narrativa desdobra-se, revela-se e acontece cinematograficamente.

No seu livro *Literatur und Film*, o pesquisador alemão Joachim Paech argumenta,- de forma bastante evidente, como algumas recorrências estilísticas no recortar e encadear das cenas e das descrições vindas de Gustave Flaubert e outros escritores europeus já possuíam uma decupagem implícita, a qual, por caminhos mais diversos, migrou para a sétima arte. Herdou-se uma forma de contar, mostrar, ver (e também de ler). Paech denomina essa continuidade como uma "pré-história cinematográfica" que, de forma latente, já vibrava nas páginas dos romances do século XIX. Há muitas afinidades eletivas entre esse argumento de Paech e a forma como Ismail conduz para certa visualidade literária, por meio do quadro e do dispositivo da câmera. A concepção de diálogo e mútua influência entre literatura e cinema em Ismail acenam, em síntese, para um esforço dialético no qual o que se conta coliga-se e diferencia-se daquilo que se vê; e, paralelamente, aquilo que se vê esboça uma mudança diante do que se conta. São molduras, dispositivos visuais e construções de olhares extremamente versáteis. Entre a alegoria e o melodrama fia-se uma forma de ver a história de a história ser vista.

Ver para contar, contar para ver: comparações, narradores e prosas

Desde as suas primeiras obras, Ismail Xavier é um autor que se esmera e se revela entre os processos de um forte método comparativo. Basta lembrar algumas passagens em *Sertão mar*, no qual ele se debruça, como se estivesse entre duas moviolas, remetendo à sua experiência como montador, a comparar e contrastar trechos e passagens de O cangaceiro (1953), de Lima Barreto, e Deus e o diabo na terra do sol (1964), de Glauber Rocha. É, no entanto, da cuidadosa comparação histórica – mas também estética e literária que Ismail imprime uma de suas mais instigantes assinaturas. Além de ir do micro, do plano, ao macro, nas suas concepções históricas e alegóricas, o que se revela é um método cristalino no seu fervor comparativo. Vale lembrar, por outro lado, que a comparação é um estilo caro ao debate da teoria literária ou mesmo da história teatral. Se remetermos a autores como Erich Auerbach ou mesmo Peter Szondi, vislumbraremos uma plêiade de comparações que desalinham interpretações históricas de larga magnitude cronológica e genealógica. Se a comparação permite saltos e sínteses, ela também exige uma constante alteração entre a análise minuciosa, no estilo do close reading, e as nomeações de períodos, estilos e formatos historicamente determinados e maiores. O método comparativo é realmente raro no campo da história e da teoria cinematográfica. Pode-se afirmar, contudo, que ele encontra na obra de Ismail Xavier uma de suas principais contribuições, inclusive num panorama mundial.

Por outro lado, as faces conceituais e empíricas da obra de Ismail levam a comparação a uma constante tensão, a um paroxismo que beira uma dialética sem síntese. Não por acaso, a comparação espalha-se e expande-se em diversas camadas. A maioria de seus livros exibe, curiosamente, uma série de binômios que também traduzem e ampliam essa recorrente verve comparativa. Da já citada opacidade e transparência desdobra-se um constante contraste entre o cinema moderno e o clássico, entre a decupagem que se revela e se escamoteia diante dos olhos do espectador. No entanto, desde Sétima arte: um culto moderno, seu primeiro livro, Ismail deixa explícito um hiato e um anseio de conectar e comparar a cena mundial com a brasileira. É no mínimo instigante perceber que a primeira parte do livro é toda dedicada às teorias cinematográficas no ambiente europeu, enquanto, subitamente, e sem nenhuma mediação, pula-se para as teorias no campo brasileiro. Como se entre a primeira e a segunda parte o leitor saltasse do Paulo Emílio Sales Gomes que analisou Jean Vigo e flertasse com o mesmo autor a caminhar pelas paragens de Cataguases, onde emergiu a formação do jovem Humberto Mauro.

A comparação, portanto, também traduz certa filiação de Ismail Xavier à aventura crítica e acadêmica iniciada pelo Grupo Clima, que tão profundamente impactou a formação da pauta das pesquisas estéticas na Universidade de São Paulo. A comparação é o último feixe que tenta coligar um afã universal com uma necessidade, premente, de descobrir, organizar e interpretar a realidade literária, estética e cinematográfica brasileira. É com essa tensão comparativa que Ismail coteja obras de D. W. Griffith e Alfred Hitchcock com as de Arnaldo Jabor; é dessa forma que as teorias da alegoria circulam entre o cinema mundial, mas também encontram uma potente fresta e atualização quando sintetizadas pelas cinematografias modernas do Brasil e da América Latina. A comparação, por fim, permite a Ismail Xavier um seguro caminho cosmopolita, e de preciso impacto internacional, no qual o influxo externo das teorias e metodologias mais atuais vindas das universidades francesas e anglo-saxãs é profundamente revisto e problematizado quando em choque com a peculiar, rica e complexa realidade brasileira.

Em alguns de seus mais recentes ensaios, vislumbra-se a comparação entre a figura do narrador na literatura e a sua passagem visual, sensível e de linguagem para os dispositivos cinematográficos contemporâneos. Influenciado pela obra de Gérard Genette, Ismail preocupa-se principalmente em deslindar as formas como a narração em primeira pessoa ocorre e consolida-se cinematograficamente em alguns casos específicos da produção brasileira mais contemporânea. Ao analisar um filme como *Nome próprio* (2007), de Murilo Salles, Ismail ressalta como o narrador desdobra-se, mostra-se e esconde-se, sendo ora conduzido como narrador em primeira pessoa, ora espelhando a instância do plano, da câmera, do narrador como figura literária, duplicada e visualizada no ínterim do dispositivo cinematográfico. Como uma fonte literária, cinematográfica e visual, o narrador, entre as lentes de Ismail, se reinventa entre os deslizes extradiegéticos, intradiegéticos, hetero e homodiegéticos, que se combinam em vários níveis e relações. Mais do que trazer os conceitos de narrador e de diegese de Genette, Ismail se apresenta sempre preocupado e cioso em cotejá-los com suas molduras, seus dispositivos visuais – em descobrir (e também traduzir, o que é um gesto caro aos literatos) no cerne do quadro e da decupagem cinematográfica os mesmos anseios que perpassam a persona, sua figura, seu narrador.

Iniciei estas páginas com um curto relato em primeira pessoa e gostaria de encerrá-las com um retrato, discreto, que permite, quem sabe, ver um pouco mais de certa forma de contar histórias. O fato é que a persona de Ismail Xavier, pública, mas também quando mais próxima e amistosa, é constantemente marcada pela prosa. Sim, há um prazer da prosa que perpassa não apenas a sua obra acadêmica e a elegante forma que escreve, combina e sintetiza alguns dos seus mais complexos e sinuosos percursos. Há, em toda arte da (boa) prosa, uma inclinação à errância, aos desvios, às digressões. Mas a prosa, quando próxima a Ismail, revela-se tanto um gesto literário como uma forma de aproximação sua, bastante peculiar, com os filmes, as pessoas, os conceitos, os autores – a prosa desdobra-se numa maneira atenta de conduzir conversas. Adicione à prosa, o deleite por detalhes, por sínteses, por observações do dia a dia – uma prosa comentada e atenta à escuta, uma conversa que torna o ato de falar sobre cinema algo, por assim dizer, mais misterioso, genuíno nos lampejos de encanto; que decanta um prazer ao verbo sem se esquivar de complexidades conceituais. Uma prosa, com certeza, sempre aberta à experiência. Como estas são linhas de homenagem, fica a expectativa por mais encontros, ao vivo, em cena, ou literários, entre as páginas dos seus próximos livros, onde casos, prosas, contos e anedotas voltem a acontecer para que a química e a mágica entre palavras e imagens persista, permaneça, por aqui ecoe e vibre.

SÉTIMA ARTE: UM CULTO MODERNO

O IDEALISMO ESTÉTICO E O CINEMA

ISMAIL XAVIER

edições sesc

ismail teórico

deciframento alegórico
e (auto)análise:
a obra de Ismail Xavier
e sua recepção francesa

Lúcia Ramos Monteiro

A autora explora aqui o método analítico de Ismail Xavier, baseado no gesto de autoanálise e autocrítica. Participante e testemunha da recepção do pensamento "xavieriano" na França, Lúcia Monteiro resgata o contexto das principais publicações de Ismail e dos eventos acadêmicos de que participou nesse país.

Em um artigo a respeito do crítico francês André Bazin, o brasileiro Paulo Emílio Sales Gomes inclui uma passagem que poderia sem dificuldade ser aplicada para caracterizar a produção de Ismail Xavier:

> O que [...] causa maior admiração é observar como esse homem dotado de excepcional capacidade para as grandes e rigorosas construções teóricas se desarma voluntariamente diante dos filmes, evita escrupulosamente impor às obras qualquer sistema pré-estabelecido e concede-lhes lealmente todas as oportunidades de revelação[1].

---

1 No original, os verbos estão no pretérito imperfeito. Paulo Emílio Sales Gomes, "O crítico André Bazin", em *Crítica de cinema no Suplemento Literário*, vol. 2, São Paulo: Paz e Terra, 1981.

Este texto dedica-se a apresentar algumas facetas do método desenvolvido por Ismail Xavier ao longo de sua profícua trajetória no campo dos estudos de cinema, com ênfase no gesto descrito por Sales Gomes: o desarmar-se diante dos objetos analisados para de fato começar a vê-los.

Se há constantes (entre muitas variantes) dos trabalhos de juventude aos escritos mais recentes, talvez uma das mais importantes resida no cuidado em não dobrar as obras estudadas a edifícios conceituais preconcebidos. Trata-se, ao contrário, de partir de uma análise detida (prática que dialoga com o *close reading* dos *Film Studies* anglófonos e com a *analyse filmique* da escola francesa), para só então tentar desvendar os sistemas criados pelos próprios filmes e buscar em seu vasto repertório teórico instrumentos que ajudem a iluminá-los.

No exercício praticado com um afinco que não esmorece ao longo dos anos, há algo próprio ao deciframento contido na modalidade alegórica de leitura, e esta é a nossa hipótese inicial. Caro ao autor, o termo "alegoria", como se sabe, pode ser definido simplesmente pelo ato de "falar uma coisa querendo dizer outra". Essa ambivalência está na origem grega da palavra, formada pela junção de *"állos"*, "outro", com o radical do verbo *"agoreúō"*, "falar em público, em assembleia", acrescida da partícula "ia", indicativa de substantivo abstrato.

O crítico e pesquisador norte-americano Angus Fletcher propõe que a alegoria seja encarada antes de tudo como uma *modalidade*, "um processo fundamental de codificar" nossos discursos[2]. Nesse sentido, o processo alegórico não se restringe a um gênero específico, sendo encontrado tanto na prosa quanto na poesia e no teatro, tanto na literatura mais sóbria quanto nos romances de entretenimento.

Isto significa que todo texto é alegórico? Enquanto Northrop Frye[3] afirma que qualquer obra literária implica em algum uso de técnicas alegóricas, Fletcher convida-nos a colocar a questão de outro modo:

---

2 Angus Fletcher, *Allegory: The theory of a symbolic mode*, Nova York: Cornell University Press, 1965, pp. 2-3.
3 Northrop Frye, *Anatomia da crítica: quatro ensaios*, São Paulo: É Realizações, 2014.

> [...] a alegoria não *precisa* ser lida exegeticamente; com frequência, ela tem um nível literal que faz suficientemente sentido por si só. Mas, de algum modo, essa superfície literal sugere uma peculiar duplicidade de intenção, e se é possível prosseguir sem qualquer interpretação, o texto se torna muito mais interessante se a interpretação é dada[4]. [grifo do autor]

Para além da maneira explícita como mobiliza o conceito de alegoria em estudos importantes, observamos que, de modo geral, no "método" de Ismail Xavier – discutiremos o uso do termo "método" na segunda parte deste artigo –, a alegoria funciona como chave operatória fundamental, ainda que nem sempre enunciada como tal.

Mais do que construções intencionalmente propostas pelos autores, a alegoria seria uma *modalidade de leitura*, uma atividade de *decodificação* que ocorre durante a recepção. Para Fletcher, a incompletude própria às obras convidaria leitores e espectadores ao deciframento. Ou, como diz Xavier em comentário sobre Fletcher: "Fica exigida a interpretação elaborada para que se capte o sentido (oculto) do que nos é dado"[5].

É verdade que o conceito de alegoria nacional ganha em certos trabalhos maior evidência do que em outros. Ele já está no estudo sobre Glauber Rocha[6], publicado pela primeira vez em 1983 e, dez anos depois, recebe tratamento especialmente pronunciado em *Alegorias do subdesenvolvimento*, cujo propósito era entender como o cinema brasileiro dos anos 1960 e 1970 "internalizou a crise política brasileira em sua construção formal, mobilizando estratégias alegóricas marcadas pelo senso da história como catástrofe"[7].

No posfácio à edição de 2012 de *Alegorias do subdesenvolvimento*, o autor expõe três vias do pensamento alegórico. Há, por um lado, a alegoria "como manifestação de uma linguagem especial ou sagrada", cuja natureza enigmática corres-

---

4 Angus Fletcher, *Allegory: The Theory of a Symbolic Mode*, op. cit., p. 7.
5 Ismail Xavier, *Alegorias do subdesenvolvimento*, São Paulo: Cosac Naify, 2012, p. 446.
6 *Idem*, *Sertão mar: Glauber Rocha e a estética da fome*, São Paulo: Cosac Naify, 2007.
7 *Idem*, *Alegorias do subdesenvolvimento*, op. cit., p. 13.

ponde a um "jogo de senhas necessário à salvaguarda da verdade, cifra dos deuses disponível à leitura"; por outro lado, está a vertente política da modalidade alegórica enquanto "manifestação de conflito de poderes em circunstâncias históricas determinadas", "astúcia diante da censura, solução de compromisso para dizer, com todo o cálculo, o proibido sob o manto do permissível", resultado do equilíbrio entre "repressão e expressão"; é ressaltada, finalmente, a função "pedagógica" da alegoria, como desafio ao leitor/espectador, "tirando-o da preguiça e recompensando-o com o prazer renovado da descoberta"[8].

A originalidade de sua perspectiva, que articula cinema e alegoria nacional, está, juntamente com a minúcia analítica e a importância do *corpus* fílmico a que se dedica, entre os fatores do destaque internacional que seu trabalho ganha desde cedo, por ocasião do doutorado e do pós-doutorado nos Estados Unidos. Os ecos dos estudos de Ismail Xavier na França surgiriam em seguida. Datam dos anos 1980 seus primeiros textos em francês, e nas décadas seguintes sua interlocução na França se intensifica.

É do capítulo francófono da presença internacional de sua obra que a primeira parte deste artigo trata. Em seguida, tentaremos identificar algumas das bases do que poderia ser chamado de "método xavieriano", centrado na análise fílmica.

A recepção francófona dos estudos xavierianos

Nesta primeira parte estabelecemos uma cronologia abreviada da recepção dos trabalhos de Ismail Xavier na França e no mundo francófono, pontuada pelas principais publicações e participações em atividades acadêmicas.

Em julho de 1977, de férias em meio ao doutorado, Ismail Xavier viaja à França pela primeira vez. Como observador, assiste ao colóquio *Cinémas de la modernité: films, théories,* organizado por Dominique Château, André Gardies e François Jost no Centro Cultural Internacional de Cérisy, Normandia. Ali, reencontra a

---

8   *Ibidem,* pp. 447-8.

crítica francesa Sylvie Pierre, especialista em cinema brasileiro, a quem havia conhecido anteriormente, em festivais no Brasil. Afora breves conversas com ela e alguns dos demais expositores, como Roger Odin e Alain Robbe-Grillet[9], e a possibilidade de ouvir presencialmente autores que já conhecia pela escrita, o encontro não deixou maiores registros, embora o tenha evidentemente marcado.

Seus primeiros textos em francês vêm à luz em 1987, na antologia dedicada ao cinema brasileiro, organizada pelo jornalista Paulo Paranaguá por ocasião da retrospectiva no Centro Pompidou[10]. Um deles, sob o título "Glauber Rocha: le désir de l'histoire", aborda o "desejo de história" do cineasta baiano, sua ambição de desenvolver uma "percepção totalizante do momento" histórico da perspectiva do Terceiro Mundo. Glauber procura, diz o autor, figurar esse momento de uma maneira dramática adequada, "através da cristalização do movimento do mundo em metáforas capazes de oferecer uma imagem simultânea, global e unificadora da experiência social"[11]. Por esse prisma, Xavier percorre de *Barravento* (1962) até *A idade da Terra* (1980).

O segundo artigo publicado no compêndio de Paranaguá, "Critique, idéologies, manifestes", propõe um percurso histórico sobre o cinema brasileiro, repertoriando as reflexões a seu respeito sob o signo do "nacional", desde a crítica produzida por parte da cinefilia em publicações como *Cinearte* e *O Fan*, até textos e manifestos redigidos por cineastas, como "Uma estética da fome" (1965), de Glauber Rocha, sem esquecer colocações de teóricos e estudiosos.

Durante o pós-doutorado na Universidade de Nova York, sob a supervisão de Annette Michelson, o brasileiro se aproxima, por intermédio dela, de pesquisadores como Noël Carroll e Charles Musser, além da britânica Laura Mulvey e do

---

9   A intervenção de Odin levava o título "Le Film de fiction menacé par la photographie et sauvé par la bande son"; Robbe-Grillet projetara o filme *Deslizamentos progressivos do prazer* (1974). O programa do encontro pode ser consultado em: <http://www.ccic-cerisy.asso.fr/cinemaprg77.html>.
10 Ismail Xavier, "Critique, idéologies, manifestes", em: Paulo Paranaguá (org.), *Le Cinéma brésilien*, Paris: Éditions du Centre Pompidou, 1987, pp. 221-9. Os demais autores do volume são: Maria Rita Galvão, Carlos Roberto de Souza, José Carlos Avellar, Ronald F. Monteiro, Jean-Claude Bernardet, Sérgio Augusto, Fernão Ramos, Elice Munerato e Maria Helena Darcy de Oliveira, além do próprio organizador.
11 Ismail Xavier, "Glauber Rocha: le désir de l'histoire", em: *Ibidem*, p. 145.

francês Raymond Bellour. No seminário de Jay Leyda sobre Griffith, ele conhece Tom Gunning e outros estudiosos da história do cinema "des premiers temps".

É nesse início da década de 1990 que começa a se gestar a presença de Ismail Xavier na Universidade Sorbonne Nouvelle – Paris 3, onde, em 1999, oferece dois cursos como professor visitante: "Cinema narrativo e história: as modalidades do discurso alegórico" e "Cinema brasileiro moderno, Novo e depois".

A temporada rende relações duráveis com os professores do departamento de cinema, como Jacques Aumont, Philippe Dubois, Chantal Duchet e Michel Marie. No mesmo período, Ismail participa do encontro dedicado à "escrita cinematográfica", realizado em Moulin d'Andé, ligado à revista *Vertigo*. Organizado sem a presença de público e com a participação de dezessete expositores[12], o encontro resulta na publicação de uma pequena brochura, *Écriture critique, état de veille*, prolongamento do exercício oral inspirado nos dizeres de Rohmer: "A arte do cinema nos traz de volta ao mundo, se é verdade que as outras artes nos tinham distanciado dele. O cinema nos força, no decorrer de sua história, e ainda hoje, a levar o mundo em consideração"[13].

Numa discussão focada, por um lado, na figura de grandes críticos, como Bazin e Daney, e de críticos tornados cineastas, como Godard e Truffaut, e, por outro lado, na questão da "morte do cinema" diante, por exemplo, da redução da venda de ingressos naquele final dos anos 1990, o participante brasileiro não apenas expõe a situação brasileira após a presidência de Fernando Collor, a dissolução da Embrafilme e a queda vertiginosa na produção de filmes[14], mas reflete sobre

---

12 São eles: François Barat, Christian-Marc Bosséno, Christian Delage, Vincent Dieutre, Jean-Michel Frodon, Laurence Giavarini, Stéphane Goudet, Michelle Humbert, Françoise Lepigeon, Jean-Louis Leutrat, Suzanne Liandrat-Guigues, Gérard Macé, Kadjo N'doua, Sylvie Pierre, Fançois Prodromidès e Sylvie Rollet, além do próprio Ismail Xavier.
13 Rohmer *apud* Christian Delage, "Préface : Exercice critique", em: Jean Breschand (org.), *Écriture critique, état de veille*, Moulin d'Andé: CÉCI/Images en Manoeuvres Éditions, 1999, p. 6.
14 Xavier fala que, "no Brasil, a morte do cinema é real, física e não metafísica: passamos de cem filmes por ano a três" (Jean Breschand (org.), *Écriture critique, état de veille, op. cit.*, p. 23) e explica que, num contexto em que a produção era viabilizada por um sistema estatal, a questão da sobrevivência e da possibilidade de morte do cinema ganham contornos específicos – acarretando, entre outras coisas, uma pronunciada timidez da crítica. Naquele momento, o simples fato de um filme existir era um triunfo a ser celebrado.

o próprio estado da crítica: que espaço de entusiasmo haveria para críticos-autores num momento em que a realização de um filme já é algo a ser comemorado? A referência objetiva era a situação brasileira no início da "retomada", mas servia para pensar o lugar da crítica cinematográfica mundial no fim do século XX. Se uma geração, como a de Daney, "recebeu o cinema como um elemento de sua formação pessoal e foi capaz de exprimi-lo"[15], haveria possibilidade de algo semelhante naquele momento? Enquanto no século XIX a literatura desempenhou papel fundamental como elemento de formação e de aprendizagem, e no século XX o cinema ocupou esse espaço, o que esperar do século seguinte?

Daí em diante, as participações de Ismail Xavier em eventos e publicações no mundo francófono se tornam mais frequentes. Destacamos, nesse contexto, o artigo publicado no volume *Dialogues franco-brésiliens sur la violence et la démocratie*, resultante de um colóquio organizado em Paris pela École de Hautes Études en Sciences Sociales (EHESS) em parceria com o Centre National de Recherche Scientifique (CNRS) e com o Núcleo de Estudos da Violência da Universidade de São Paulo (NEV-USP)[16]; o prefácio à tradução francesa de *O século do cinema*, de Glauber Rocha (2006), além, é claro, da publicação na França de *Sertão mar*[17].

Em 2011, em nova temporada francesa, Ismail Xavier ministra um seminário da cadeira Roger Odin na Escola Doutoral Arts et Médias da Sorbonne Nouvelle, tratando da "alegoria histórica no cinema"[18]. Realiza-se, ao mesmo tempo, uma jornada de estudos em sua homenagem no Institut National d'Histoire de l'Art

---

15 *Ibidem*, p. 25.
16 Ismail Xavier, "L'Art comme laboratoire d'expérimentation des conflits", em: *Dialogues sur la violence et la démocratie en France et au Brésil*, Paris: L'Harmattan, EHESS/CNRS e NEV-USP, 2005, pp. 193-203.
17 Ismail Xavier, *Glauber Rocha et l'esthétique de la faim*. Trad. Sylvie Debs. Paris: L'Harmattan, 2009. A publicação recebeu uma cuidadosa resenha na revista *Mille huit cent quatre-vingt-quinze*. Disponível em: <http://journals.openedition.org/1895/4660>.
18 Os encontros dedicam-se a: 1) a alegoria como figuração do tempo e as formas de representação da história apoiadas sobre a ideia de nação (política, cultural, estética); 2) o filme-espetáculo, a arquitetura e o discurso teleológico das alegorias monumentais concebidas como narrativas de fundação nacional (D. W. Griffith, Abel Gance, Serguei Eisenstein); 3) a crise da teleologia da história no cinema moderno: a alegoria como drama barroco (Glauber Rocha, Manoel de Oliveira) e a representação melancólica do momento de formação do cinema clássico concebido como era da inocência (os irmãos Taviani).

(Inha), promovida pelo Centre de Recherches en Esthétique du Cinéma et de l'Image/Institut de Recherche en Cinéma et Audiovisuel (Creci/Ircav) da Sorbonne Nouvelle, organizada por Benjamin Léon, Mateus Araújo Silva, Philippe Dubois e por mim.

As intervenções realizadas por ocasião dessa jornada de estudos foram agrupadas em dois grandes blocos. O primeiro reuniu quatro pesquisadores com variados graus de conhecimento da obra de Ismail Xavier: Mateus Araújo Silva, Dario Marchiori, Lúcia Ramos Monteiro, Mathias Lavin. Sob a forma de diálogos diretos com o homenageado, o segundo bloco era composto por interlocutores antigos e recentes: Marcos Uzal, Nicole Brenez, Laura Mulvey e Robert Stam.

É preciso lembrar dois interlocutores francófonos importantes: o historiador do cinema François Albera, professor da Universidade de Lausanne, na Suíça, e editor da revista *1895. Mille huit cent quatre-vingt-quinze*, na qual Ismail publica, em 2015, um artigo com Eduardo Morettin a respeito da história da crítica cinematográfica brasileira desde o período silencioso, destacando a presença da questão do subdesenvolvimento econômico. E o estudioso quebequense André Gaudreault, professor da Universidade de Montreal e editor da revista *Cinémas*, na qual Ismail publica um artigo em 2011 sobre ressentimento e pragmatismo no cinema brasileiro contemporâneo, tratando de *Cidade de Deus* (2003), *O homem que copiava* (2003) e *O redentor* (2004).

Seria ainda útil mencionar bancas de defesa de doutorado e de habilitação em universidades francófonas que contaram com a participação de Ismail Xavier[19], e a penetração indireta de seu pensamento, via seus estudantes e leitores brasileiros. De todo modo, o exame da recepção francófona do pensamento xavieriano, tendo como base suas publicações e atividades acadêmicas, deixa evidente a originalidade de sua visada e a minúcia de seu trabalho analítico, além de um

---

19 Cito a participação de Ismail Xavier como membro do júri de Cristian Borges (*Vers un cinéma en fuite: le puzzle, le mosaïque et le labyrinthe comme clefs de composition filmique*, 2007), como co-orientador da tese de Lúcia Ramos Monteiro (*L'Imminence de la catastrophe au cinéma. Films de barrage, films sismiques*, 2014), ambas na Universidade Sorbonne Nouvelle – Paris III, além de sua atuação na banca da defesa de "Habilitation à diriger des recherches", de Erika Thomas, na Faculdade de Direito de Estrasburgo (*Images du Brésil: Identité, Histoire et Société: Approche communicationnelle et anthropologico-visuelle*, 2011).

interesse constantemente renovado pelas teorias do cinema no sentido mais amplo, não deixando de lado nem o *corpus* clássico, nem os autores modernos, incluindo tanto a ficção quanto o documentário e o experimental[20].

Análise e autoanálise

A segunda parte deste artigo tem como foco a atividade analítica de Ismail Xavier. Atenho-me ao estudo dedicado a *Barravento* e a *Serras da desordem* (2006), de Andrea Tonacci, arriscando a hipótese de que, se há um método analítico constante no trabalho do autor, este se baseia em especial no gesto de autoanálise, de pausa para reflexão autocrítica e eventual correção de rumos, reafirmando a primazia do olhar sobre o objeto de estudo em detrimento ao recurso a edifícios teóricos preconcebidos.

Nos escritos de Ismail Xavier, depois de trabalhos mais teóricos[21], o primeiro intercâmbio verdadeiro entre teoria e análise se dá na redação de sua tese de doutorado, em 1979, depois de seu "sarampo teoricista" haver sido "sutilmente demolido" por Paulo Emílio e Antonio Candido, e do contato com o "empirismo anglo-americano": era preciso "avançar na discussão estética a partir de filmes específicos". Surgia a necessidade de "deixar de projetar as nossas construções teóricas sobre os filmes que muitas vezes os reduzem a mera ilustração de conceitos"[22].

Seria possível identificar sua porção analista, *separando-a* das vertentes de crítico, teórico, professor? Ao definir o próprio trabalho, o autor usa, por vezes, a expressão "ensaio crítico de fôlego". Assim, alinha-se com o que Adorno pensa desse gênero ingrato, espremido entre a ciência e a literatura. Afirmando que

---

20 Um artigo dedicado à obra de André Parente e Carlos Adriano foi publicado em: Beatriz Furtado e Philippe Dubois (org.), *Pós-fotografia, pós-cinema: novas configurações das imagens*, São Paulo: Edições Sesc, 2019.
21 Ismail Xavier, *O discurso cinematográfico: a opacidade e a transparência*, São Paulo: Paz e Terra, 2012; *A sétima arte: um culto moderno,* São Paulo: Sesc, 2017.
22 Adilson Mendes, "Teoria e história no estudo de cinema no Brasil" (entrevista com Ismail Xavier), em: Adilson Mendes (org.), *Encontros – Ismail Xavier*, Rio de Janeiro: Beco do Azougue, 2009, pp. 270-92.

"o ensaio procede metodicamente sem método"[23], o frankfurtiano combate o método cartesiano, o que não o impede de elencar características da escrita ensaística, tais como a primazia da experiência do autor com o objeto, o reconhecimento de sua subjetividade, o combate ao desejo totalizante. Tais características se encontram em Ismail Xavier, que assume a primeira pessoa do singular e, em determinados momentos, examina no próprio texto o trajeto percorrido, procede a correções de rumo e duvida das afirmações, como veremos.

Ora, se Adorno propõe que o ensaio se liberte da análise enquanto divisão do objeto em "tantas parcelas quantas possíveis e quantas necessárias fossem para melhor resolver suas dificuldades", segundo pilar do método cartesiano, como compreender os estudos de Ismail Xavier, que, apesar de herdeiros do ensaio adorniano, apoiam-se na análise aprofundada? Uma resposta categórica para a questão iria na contramão tanto do pensamento do alemão quanto do brasileiro: não há bom método que preexista à obra, e a recusa das regras cartesianas não pode ser tomada como dogma antianalítico.

Mesmo que não se possa falar em um método reproduzido mecanicamente de um estudo a outro, o gesto de autoanálise é recorrente na obra de Ismail Xavier. Raridade nos estudos cinematográficos, a reflexão autocrítica pode ser reconhecida como influência de autores caros a sua formação, como Erich Auerbach e Antonio Candido.

A autoanálise será aqui examinada a partir do estudo de *Barravento,* um trabalho de juventude, em que o partido analítico adquire um grau de explicitação particularmente límpido, para em seguida compará-lo ao artigo dedicado a *Serras da desordem,* publicado em 2008, em que a análise surge de maneira menos didática e a autoanálise é sutil. O partido comparatista é sem dúvida influenciado pela trajetória de meu próprio objeto de estudo – os filmes examinados por Ismail Xavier costumam ser iluminados no cotejo com outros –, ainda que meu objetivo seja menos o de verificar diferenças e distâncias do que pensar a evolução de um método ao longo do tempo.

---

23 T. W. Adorno, "O ensaio como forma", em: *Notas de literatura,* São Paulo: Editora 34, 2003, p. 30.

O ponto de partida da análise do primeiro longa-metragem de Glauber Rocha é sua insatisfação diante da maneira como o filme havia sido compreendido por seus contemporâneos e pelo próprio cineasta. No prefácio à versão francesa de *Sertão mar*, Mateus Araújo explica que, ao partir de uma análise interna atenta dos filmes de Glauber, baseada no exame minucioso, na moviola, de suas imagens e sons, o autor se distancia da tradição crítica que via em *Barravento* um ataque à alienação popular ligada à religião, o que, para Xavier, ignorava aspectos formais do filme.

De saída estabelece-se um resumo da intriga, com a divisão de *Barravento* em sete blocos narrativos. Em seguida, essa primeira divisão é submetida a outra, em três momentos: equilíbrio inicial (a vida da comunidade de pescadores antes da chegada de Firmino, malandro que volta à praia depois de uma temporada na cidade); desequilíbrio (provocado pela presença de Firmino e sua campanha contra Aruã); novo equilíbrio final (a comunidade permanece nas mesmas condições e Aruã parte para a cidade).

Depois da esquematização, a análise inaugura um movimento que se repetirá mais tarde, tanto no próprio texto sobre *Barravento* quanto em outros trabalhos do autor: o analista examina seu trabalho em curso, para avaliá-lo. Tal atitude já está por exemplo em *Mimesis*, quando, depois de narrar o reconhecimento da cicatriz de Ulisses por Euricleia, Auerbach escreve: "Na minha reprodução do incidente, omiti até agora o conteúdo de toda uma série de versos que o interrompem pelo meio".

Na pausa para autoanálise, o resumo da intriga de *Barravento* parece insuficiente: achata o filme, perde de vista a textura da imagem e do som, produz inferências (ao considerar Firmino um "malandro", algo não escrito na imagem), antecipações (o espectador não sabe de onde Firmino chega, e só mais tarde fica claro que estava na cidade) e omissões (da maneira como as ações aparecem na imagem). O primeiro esquema não dava conta das contradições de Firmino: se ele não tem fé, por que recorre ao sacrilégio?

Verifica-se, então, uma sintonia entre o comportamento de Firmino e a forma narrativa no que ambos têm de instável e incoerente:

[...] a narração em *Barravento* oscila, mais até do que Firmino. No seu estilo convulso, adere e se afasta do objeto do seu discurso, num movimento que torna ambíguos os valores que, em última instância, a orientam, assim como torna opacos certos episódios de sua estória[24].

Tal constatação dá origem ao título da tese: *A narração contraditória*. A comparação entre *Barravento* e *O pagador de promessas* (1962), de Anselmo Duarte, ajuda a esclarecer a visão do primeiro filme por parte do analista. Depois do exercício comparativo, *Barravento* parece ainda mais irregular em seu ritmo, precário em sua fotografia, desequilibrado na composição das sequências.

Escrito para um livro sobre *Serras da desordem*, o texto "As artimanhas do fogo, para além do encanto e do mistério" foi publicado em 2008, apenas dois anos após a estreia do filme. A análise do filme de Tonacci não reconstrói em detalhe sua estrutura, não identifica cada uma de suas sequências nem resume a intriga. Tal mudança no estilo do analista pode ser atribuída à passagem do tempo (quase três décadas) e ao contexto de publicação distinto (uma coletânea de ensaios curtos, e não uma tese). Ainda assim, cabe indagar: teria havido uma transformação na essência do método analítico?

O texto sobre *Serras da desordem* principia com a descrição de sua primeira imagem: sozinho na floresta, um índio acende uma fogueira. O olhar atento da câmera sobre seu gesto é comparado às imagens de *Nanook, o esquimó* (1922), de Robert Flaherty, mas as equivalências param por aí. As primeiras sequências do filme instauram no espectador uma peculiar sensação de deriva. Há mistura de estilos, alternância de espaços, ausência de informações claras e nenhuma coordenada espaçotemporal. Estamos, como diz o analista, imersos no "cinema processo" de Tonacci.

Algumas sequências-chave são nomeadas e imediatamente relacionadas ao patrimônio cinematográfico. O trem que corta a floresta com o impulso dos anos de milagre econômico brasileiro restitui a história do cinema, desde os

---

24 Ismail Xavier, *Sertão mar, op. cit.*, p. 49.

Lumière. Comparado a *Turksib* (1929), de Victor Turin, documentário sobre a construção de estradas de ferro na Ásia Central, um triunfo soviético, e ao *western O cavalo de ferro* (1924), de John Ford, que trata da criação de novas ferrovias nos Estados Unidos, o trem de Tonacci se destaca por sua violência, pela histeria de sua cadência.

A descrição é interrompida para que o autor comente, *en passant*, a postura espectatorial, de "ansiedade por uma narrativização"[25], alimentada por um filme que dá "tempo para cada vivência, não se apressando no andamento do relato, explora o efeito de cada cena e nos faz oscilar em nossa leitura do que se passa com o personagem"[26].

O texto tampouco cede à tentação narrativa. Com delicadeza, a análise prossegue sem desfazer o mistério que dá corpo à primeira parte do filme. As informações chegam em conta-gotas, do nome do protagonista, Carapiru, que só aparece ao final do primeiro terço do texto, à incrível coincidência de o intérprete que auxilia na comunicação entre o indigenista e Carapiru ser na realidade o filho que ele acreditava ter morrido no massacre que dizimara todo seu grupo, que o analista informa no início da segunda metade do texto.

Não se trata de evitar ou adiar o tratamento dos problemas centrais. O esforço do texto vai no sentido de não simplificar o que, no filme, aparece de modo complexo. O desafio é, portanto, manter-se fiel ao que há de mais caro no objeto da análise, contrariando a terceira regra estipulada por Descartes em seu *Discurso sobre o método*, a de que se deve começar sempre pelo mais simples.

O texto se detém sobre o lugar do fogo no filme, da fogueira lentamente preparada por Carapiru no início à imagem do avião de caça a jato. "O que é uma turbina a jato senão um fogareiro aceso a mil quilômetros por hora?"[27], comenta Ismail no final. Entre essas extremidades incandescentes, o filme reúne momentos de pura contemplação do fogo, como aquele, crucial, em que se testemunha a

---

25 Ismail Xavier, "As artimanhas do fogo, para além do encanto e do mistério", em: Daniel Caetano (org.), *Serras da desordem*, Rio de Janeiro: Beco do Azougue Editorial, 2008, p. 14.
26 *Ibidem*, p. 16.
27 *Ibidem*, p. 23.

sensação de impotência do índio, que conservava um tição sempre aceso para garantir a armação da fogueira, ao ver um branco acender o isqueiro. É só na última página que o autor se interessa pelo avião, inserido digitalmente, ruptura da pureza documental predominante: "Era preciso", diz ele, "ao lado do encanto e do mistério, encontrar a imagem que condensasse a imensidão do problema".

Embora não formulada da mesma maneira que na análise de *Barravento*, a autocrítica surge no texto sobre *Serras da desordem*, embrenhada nas considerações a respeito da postura espectatorial – em sua ansiedade narrativizante – e na maneira como as informações essenciais são dadas ao leitor, que mimetiza o efeito da solução adiada dos mistérios instaurados pelo filme de Tonacci. Sem que seja necessário evocar teorias alegóricas, o artigo incorpora a metáfora do fogo, propondo uma experiência estética ao leitor que respeita o andamento da construção fílmica.

Considerações finais

O percurso proposto neste artigo não é suficiente para defender categoricamente a existência de um método analítico constante e coerente. É possível, porém, observar a recorrência do gesto da autoanálise, de pausa para reflexão autocrítica e eventual correção de rumos e, além disso, notar o vínculo do trabalho desenvolvido por Ismail Xavier com o exercício de deciframento próprio à modalidade alegórica de leitura. O autor investe na incompletude própria às obras não para nelas projetar construções teóricas preexistentes, mas para preenchê-las num gesto de análise que leva em conta a interferência que produz sobre as obras.

O caminho por ele aberto representaria, assim, uma solução engenhosa para o paradoxo da análise fílmica exposto por Raymond Bellour. Para o teórico francês, o analista, ao interromper o fluxo normal do filme para melhor vê-lo – isolando fotogramas, identificando planos e sequências, organizando a narrativa em blocos etc. – acaba trabalhando com algo que deixa de ser cinema, pois está desprovido de movimento.

O estudioso brasileiro não nega esse fenômeno nem recusa a análise por causa dele. Em vez disso, aproveita a interrupção no fluxo fílmico para pausar sua própria análise e, na sequência, recoloca os elementos em movimento, buscando a sintonia entre texto e objeto de estudo. É por isso que podemos aplicar à sua obra o que diz Paulo Emílio a respeito de Bazin: cada texto seu é uma aventura. Método, para eles, significa, antes de mais nada, procura.

impressões sobre Ismail Xavier e certo caráter da intelectualidade brasileira[1]

Robert Stam

Um dos mais destacados pensadores de cinema relata suas impressões sobre Ismail Xavier. E essas impressões envolvem tanto aspectos do caráter de Ismail, e, em decorrência, de um traço da intelectualidade brasileira, quanto da relevância do pensamento de Ismail em âmbito mundial.

O que posso dizer de meu ex-aluno, mentor, colega, coautor e principalmente amigo? Se não me engano, conheci Ismail em 1976, por meio de amigos cinéfilos comuns, quando eu estava terminando meu PhD na Universidade da Califórnia, e ele fazia o dele na Universidade de Nova York. Ambos estávamos envolvidos no ambiente de radicalidade política e cultural da década de 1960: ele em São Paulo, eu em Paris e depois em Berkeley, onde fiz parte de um grupo brasileiro de leituras cujo tema era as raízes da realidade brasileira.

Nosso contato inicial em 1976 revelou uma instantânea partilha de ideias, que, submetida à prova, manteve-se intacta nas décadas subsequentes. Por meio

---

[1] Tradução: Humberto Pereira da Silva.

de nossa atividade acadêmica, ainda que com diferenças de estilo e conteúdo em nossos escritos, somos muito próximos em nossos interesses pessoais. Nossas conversas são polvilhadas por "eu também" e "eu também sou assim". Por isso, convergimos em nível intelectual. Alguns de nossos primeiros escritos, antes mesmo de nos conhecermos, eram bem parecidos, mesmo quando não tratavam do cinema brasileiro, mas sim de temas gerais: tanto eu como ele tínhamos Brecht e Godard como figuras de proa.

Ismail publicou seu *Discurso cinematográfico: a opacidade e a transparência* pela editora Paz e Terra em 1977, ano em que terminei minha tese intitulada *The Interrupted Spectacle: From Don Quixote to Jean-Luc Godard*; esse trabalho foi igualmente publicado pela Paz e Terra em 1981, com o título *O espetáculo interrompido*, graças à generosa intervenção de nossa amiga comum Walnice Nogueira Galvão. Nesses livros há uma abordagem comum no tratamento de uma questão-chave: o ilusionismo hollywoodiano ("transparência") em proveito do cinema godardiano e uma reflexão sobre o cinema do Terceiro Mundo. Para tanto, tínhamos como ferramentas a semiótica de Christian Metz e os pressupostos da "desconstrução", como formulados por Jacques Derrida, muito influente no pensamento da época.

Eu e Ismail estávamos em sintonia com as raízes do pensamento de ponta da época; no caso, o fecundo encontro entre a semiótica de Metz e a desconstrução de Derrida – a semiótica e a desconstrução nos permitiram tratar o cinema nos planos político e estético, e assim nos encontramos com o que estava em voga no pensamento de esquerda naquele período. É nesse momento, justamente, que publiquei meu primeiro artigo em português, no Suplemento Literário do *Estado de S. Paulo*, um ensaio sobre a radicalidade estética nos filmes de Godard. Após essa publicação, anos depois, Walnice Galvão comentou comigo que entre seus amigos naquela época, eu era tido por brasileiro: "Ele pensa como nós". Posteriormente, fui informado de que autores de um manual de censura produzido pelos militares brasileiros plagiaram meu ensaio, mas subverteram o sentido original. Ou seja, as técnicas subversivas que louvei na obra de Godard foram entendidas pelo discurso militar como procedimentos que auxiliavam censores a "detectar" cineastas subversivos.

Antes mesmo de conhecer Ismail, foi pela minha ex-esposa, Gilda Penteado, que eu conhecera em Paris como colega na Sorbonne, que fui apresentado ao mestre intelectual de Ismail, o notavelmente charmoso e erudito Antonio Candido. Isto se deu num jantar, por volta de 1971, numa situação na qual ele nos entreteve cantando canções nas muitas línguas que aprendeu quando criança, e realizando performances miméticas, do mesmo modo que Rameau, personagem de Diderot, por meio de movimentos corporais e trejeitos das várias figuras da célebre tela *A última ceia*, de Da Vinci. Junto com Antonio Candido estava Gilda de Mello e Souza, sua esposa, que foi muito gentil ao fazer uma tradução primorosa para a revista *Discurso*[2] de meu ensaio sobre aspectos protocinematográficos de *Madame Bovary*, de Flaubert.

Foi então nesse período que conheci a fina flor da inteligência paulista, cuja primeira impressão foi a melhor que eu podia ter, e que jamais se esvaeceu. O encontro com intelectuais como Antonio Candido e sua esposa me deu um sentido de medida da intelectualidade brasileira: simpática, cosmopolita e poliglota. Comparados aos intelectuais do chamado Primeiro Mundo, achei os brasileiros em certa medida mais cosmopolitas, poliglotas e simpáticos. Serei sempre grato pelo calor e estímulo intelectual que recebi dos intelectuais paulistas, e destes, com quem tive mais intimidade, foi Ismail Xavier.

Além de sermos influenciados pelo pensamento europeu, tanto a teoria crítica alemã, formulada pelos filósofos da Escola de Frankfurt, quanto o estruturalismo e o pós-estruturalismo francês, eu e Ismail igualmente fomos afetados inicialmente pela crítica literária. Assim, nossas ideias se basearam na época em filólogos como Erich Auerbach, Leo Spitzer e Ernst Curtius[3]. Esses filólogos e críticos me foram apresentado por Robert Alter, num curso de literatura comparada em Berkeley, e a Ismail por Antonio Candido, responsável imediato pela divulgação

---

2   A revista *Discurso*, órgão oficial do Departamento de Filosofia da USP, foi criada em 1970. O texto a que Robert Stam se refere foi publicado na edição de número 4 da revista, em 1973, antes, portanto, de ele conhecer Ismail Xavier. [N.T.]
3   Auerbach, Spitzer e Curtius formaram a grande geração de germanistas do início do século XX. Os trabalhos deles tinham como ponto de partida a análise interna das obras de autores como Voltaire, Racine ou Proust. Essa geração de filólogos e críticos alemães, como se pode perceber no texto de Stam, exerceu enorme influência em sua produção acadêmica e, em decorrência, na de Ismail. [N.T.]

de Auerbach entre seus alunos. Para mim, aliás, por ser extremamente atento às metodologias sociológicas, o trabalho de Antonio Candido antecipa, *avant la lettre*, os "estudos culturais" no estilo da Escola de Birmingham[4].

Assim, a par da tradição filológica vigente, tenho em vista que eu e Ismail temos como ponto de partida a análise interna de uma obra, quer esta seja de um texto literário ou de uma imagem cinematográfica, e que essa análise esteja articulada à história. De modo que, no que se refere ao cinema, sugiro que a história e a política possam emergir da análise imanente de filmes, como se dá com os estudos que Ismail faz de *Deus e o diabo* (1964) e *Terra em transe* (1967), de Glauber Rocha. Mesmo o prolongado interesse de Ismail pela alegoria pode ser rastreado tendo no horizonte a "abordagem figurativa" de Auerbach. E, igualmente, sua ênfase nos equivalentes cinematográficos do "estilo indireto livre" não é creditada apenas ao "cinema de poesia" de Pasolini, mas também às análises que Spitzer faz sobre o "discurso indireto livre" em *Madame Bovary*, de Flaubert.

Em Ismail há uma espécie de formalismo profundo e historicizado, que também se encontra em Fredric Jameson, conquanto Jameson, ainda que marcado pelo estruturalismo e pós-estruturalismo francês, faça uso desses instrumentos de pensamento com fins diversos dos de Ismail. Para mim, Antonio Candido ofereceu uma versão brasileira menos eurocêntrica dessa forma de pensamento. É a partir dessa versão menos eurocêntrica dos trabalhos filológicos de Auerbach ou Spitzer que tanto eu como Ismail a adaptamos a uma realidade diversa da do Primeiro Mundo, como também o faz Jameson.

Nossa amizade e trabalho conjunto progrediram quando ele estudava em Nova York, momento no qual eu o via menos como consultor do que como alguém com quem dialogava de forma horizontal e trabalharia no futuro. Assim aconteceu com uma série de revisões feitas, por exemplo, de *Memórias do cárcere* (1984), de

---

4 No final da década de 1950, pesquisadores britânicos uniram-se em torno do que passou a se chamar Centro de Estudos Culturais Contemporâneos na Universidade de Birmingham. O núcleo de interesse desses pesquisadores eram as questões culturais em uma perspectiva histórica. Entre os pesquisadores destaca-se Raymond Williams. Ismail coordenou a coleção "Cinema, teatro e modernidade", publicada pela Cosac Naify, e para essa coleção indicou de Williams o livro *Drama em cena*. [N.T.]

Nelson Pereira dos Santos, o que resultou finalmente num trabalho em parceria para um longo suplemento de uma nova edição do livro *Brazilian Cinema*[5], que escrevi junto com Randal Johnson, publicado em 1982 e depois em uma nova edição em 1995.

Na nova edição do livro, uma seção intitulada "A forma do cinema brasileiro na era pós moderna" foi redigida a seis mãos: eu, Ismail e João Luiz Vieira. Nela cobrimos a produção cinematográfica e suas tendências desde o final da década de 1970 (presentes na versão original) até o início da de 1990. O trabalho transcorreu de maneira tranquila, pois éramos amigos próximos. Tínhamos um nível de interesses sem conflitos a respeito do que deveria ser dito e como dizê-lo. Tanto quanto eu guardo em minhas lembranças, foi uma colaboração estimulante e agradável, sem atritos.

Por todo o tempo em que trabalhamos juntos, sempre aprendi com os livros de Ismail e com as longas conversas que tive com ele, muitas vezes em sua casa, já que ele e Isaura, sua esposa, sempre foram gentis em me hospedar em minhas vindas a São Paulo. De modo que pude acompanhar na intimidade seu trabalho essencial, *Alegorias do subdesenvolvimento*, parcialmente escrito como tese para a Universidade de Nova York. Como resultado dessa experiência de convívio comum, em meus seminários para dissertação de trabalhos acadêmicos, quando tratava da escrita de um texto acadêmico, fazia uso do livro de Ismail, tomando-o como exemplo de um método e uma abordagem extremamente rica e eficiente.

Entendo a abordagem de Ismail como "análise teorizada e historicizada". Ele combina um profundo conhecimento de teoria contemporânea de cinema – inclusive a mais recente – com uma consciência textualizada do contexto histórico e artístico na análise interna de cada filme analisado. Ismail é dotado de um olhar aguçado e de um ouvido sensível para discutir como os filmes são concebidos em nível estritamente cinematográfico. Mas, ao lado da especificidade fílmica, ele demonstra sensibilidade para extrair as amplas implicações políticas que um filme pode trazer.

---

5   *Brazilian Cinema* não está entre os livros de Stam traduzidos para o português. Foi lançado originalmente em 1982 e novamente publicado em 1988 pela University Texas Press. Uma terceira edição, ampliada, saiu em 1995 e foi publicada pela Columbia University Press. [N.T.]

No curso que ofereço sobre dissertação acadêmica, tenho o trabalho de Ismail como modelo, não apenas de descrição e análise, mas igualmente de um trabalho que articula teoria e história: para ele, esses planos de abordagem fílmica estão de mãos dadas, sendo, com isso, inseparáveis. Não é por acaso, portanto, que *Alegorias do subdesenvolvimento* tornou-se influente no mundo anglófono, tanto pela amplitude que dá à teoria da alegoria modernista, quanto à análise de filmes e diretores específicos. As análises internas de *Terra em transe*, *Deus e o diabo* e *O Bandido da Luz Vermelha* (1968) são modelos de astúcia, que revelam o que esses filmes oferecem em termos estilísticos, cinematográficos e ideológicos.

Do livro anterior de Ismail, *Sertão mar*, eu, assim como meus alunos, também extraímos boas ideias. Para ficar apenas em algumas, destaco o contraste esquemático entre política e estética de um filme para um público amplo, afinado ao sistema de produção, como *O pagador de promessas* (1962), de Anselmo Duarte, e o mais audacioso *Barravento* (1962), de Glauber Rocha. Diferentemente do filme de Anselmo Duarte, o de Glauber, ainda que possa ser analisado pelo viés estritamente marxista, sendo a religião o ópio do povo, pode ser visto também por meio de uma chave fornecida pelos ritos do candomblé. Destaco também que *Sertão mar*, no que se refere a contrapontos e contrastes, traça comparações que opõem um filme que se afina com a estilística convencional e ideologicamente subserviente ao sistema, caso de *O cangaceiro*, e outros pautados pelo viés ideológico à esquerda e ambiciosos no plano estilístico, como *Vidas secas*, de Nelson Pereira dos Santos, e *Deus e o diabo*. Ismail é mestre no discernimento dos substratos ideológicos dos filmes que examina, mas, é importante destacar, não porque enfatiza o diálogo entre os personagens, mas porque se atém a sutis detalhes de encenação. Por exemplo, em *Barravento*, Ismail examina as formas pelas quais Glauber, por meio da montagem e da encenação, retrata o isolamento de Firmino; enquanto em *O pagador de promessas,* identifica a atitude paternalista de Anselmo Duarte para com o Zé do Burro também por meio da montagem e da encenação.

Considerada a relevância das ideias que Ismail trabalha em *Sertão mar*, é com seu trabalho posterior que ele desenvolve análises sofisticadas tendo como instrumento a categoria "alegoria nacional". É de posse desse conceito que, em minha opinião, seu pensamento vai além do que foi realizado por Fredric Jameson. Como complemento de *Alegorias do subdesenvolvimento*, Ismail desenvolveu o conceito de alegoria transnacional, em seu excelente e influente ensaio "Alegoria histórica", incluído em *A Companion to Film Theory*[6]. Nesse ensaio, ele amplia um estilo de análise dedicado em grande parte ao cinema e ao teatro brasileiros e ao mundo cinematográfico em geral, com exemplos dos Estados Unidos, da França, da Alemanha, da Itália, de Cuba, do Senegal, da Argentina e do México. Para mim, o trabalho de Ismail faz jus a uma audiência mundial. Por mais que me faça feliz ver que ele foi traduzido em vários idiomas, lamento profundamente que, de toda a sua obra, apenas *Alegorias do subdesenvolvimento* tenha sido publicado em inglês.

Além do que foi ressaltado até aqui, é preciso destacar outro traço admirável nos trabalhos de Ismail: atenção às mais recentes correntes de pensamento, teorias do cinema e da cultura em âmbito internacional, contudo sem se deixar contaminar pelas modas. Sua atitude em relação aos autores referenciais é a de fazer uso de seus conceitos quando estes lhe sejam valiosos e oportunos. Mas sua postura intelectual não se retém a autores celebrados. Na medida em que lhe convém, adota procedimentos híbridos em que autores nacionais ou internacionais menos celebrados também sejam utilizados. Em suma, Ismail nunca faz uso de um autor com o fim de cultuar uma personalidade, ou seja, nele, e em consequência em seu pensamento, não há qualquer traço de servilidade neocolonial.

Admiro a atenção que ele dedica para o papel do ressentimento em tantos filmes brasileiros. Nesse sentido, destaco como situa a centralidade do melodrama no trabalho de Arnaldo Jabor, assim como suas observações sobre as implicações sociais e estéticas, por exemplo, a respeito da frequência de traços estrangeiros (frequentemente norte-americanos) nos filmes da década de 1990 e do papel do acaso nos conflitos urbanos em filmes da década de 2000. Esses conflitos desencadeiam tensões e catalisam atitudes que são sintomáticas de certas estratificações sociais no Brasil. Diferentemente de muitos estudiosos de cinema, Ismail também vê como dever exercitar a crítica, momento em que seus escritos refletem traços da estética e da política no Brasil.

---

[6] Livro organizado pelo próprio Robert Stam, junto com Toby Miller, publicado pela Blackwell Publishing em 2004. O texto de Ismail é o único de um ator externo ao mundo anglófono. [N.T.]

Nossa amizade é frequentemente marcada por incidentes humorísticos que lembro com carinho: uma vez discutíamos sua tese na praia de Ipanema quando o vento espalhou suas páginas, e nós dois ficamos alvoroçados para reuni-las e colocar tudo em ordem novamente. Isto provavelmente desencadeou reflexões nos cariocas sobre a absurda ética de trabalho de gringos e paulistas, que não param de trabalhar, mesmo quando estão no libertário Posto 9 em Ipanema!

Lembro-me também de uma vez em que chamamos a atenção de Ismail. Ele conduzia a apresentação de uma mesa em Yale, na qual além de mim estavam presentes Richard Peña e João Luiz Vieira. Pedimos para ele não ser tão prolixo na apresentação dos componentes do painel. Resultou então que ele disse apenas que Richard falaria sobre alguns aspectos do "tema em pauta", João Luiz discutiria alguns "fatores" e eu algumas "dimensões". Ismail, nós dissemos, você exagerou na dose! Havia sido breve demais.

Estou certo também de que muitos de nós já notamos certos tiques de Ismail, por exemplo, a maneira como ele começa suas apresentações de forma bastante lenta, mas depois se entusiasma e fala como um pregador numa igreja protestante, como se baixasse um santo; ou a forma como ele se comporta em exposições públicas, quando é possível que um debatedor fale bobagens. Ismail fica quieto e paciente até que então ele se exaspera com as tolices que ouve e praticamente explode, aniquilando os argumentos de seu desavisado interlocutor.

O que mais? Apenas uma infinidade de lembranças afetuosas do brilho, senso de justiça, honestidade, integridade moral, sabedoria, humor e hospitalidade de Ismail. Tem mais não.

O contrabandista e o intérprete[1]

David Oubiña

Mesmo com o pouco impacto que a crítica brasileira exerce sobre os argentinos, o autor defende que o trabalho de Ismail Xavier na América Latina é uma exceção, já que seus textos foram tomados como modelo de reflexão sobre o cinema numa perspectiva latino-americana.

Um

A relação entre os leitores argentinos e os intelectuais brasileiros tem seguido um caminho desigual e errático. Nas últimas décadas, o diálogo com a crítica literária, estética ou filosófica brasileira tem sido bastante fluido e os textos de Antonio Candido, Flora Süssekind, Silviano Santiago, Roberto Ventura, Paulo Arantes, Roberto Schwarz, Heloisa Buarque de Hollanda, Otilia Arantes ou Renato Ortiz têm circulado amplamente: lidos em português, ainda que por vezes também em castelhano (graças a um crescente programa de traduções locais), os ensaios desses autores têm se integrado com naturalidade à bibliografia que se utiliza habitualmente nos cursos universitários.

---
1 Tradução: Humberto Pereira da Silva.

Não obstante, mesmo que o intercâmbio entre pesquisadores dos meios audiovisuais dos dois países seja frequente, a crítica de cinema realizada no Brasil tem tido pouco impacto entre leitores argentinos. Ensaios sobre cinema escritos no Brasil são pouco traduzidos na Argentina e, em consequência, pouco lidos entre nós. Mesmo quando se trata do Cinema Novo, o Cinema Marginal ou filmes clássicos da Vera Cruz, leitores argentinos recorrem com mais frequência a trabalhos de especialistas norte-americanos, os quais curiosamente são mais acessíveis. Nesse precário panorama de intercâmbio, se sobressai a figura de Ismail Xavier. Isto porque seus livros foram os primeiros lidos na Argentina, e porque em seguida seus textos foram tomados como modelo de reflexão sobre o cinema numa perspectiva latino-americana.

Em meados da década de 1980, quando os estudos acadêmicos sobre cinema estavam em processo de formação, *O discurso cinematográfico: a opacidade e a transparência* desempenhou um papel central na consolidação de um novo campo de pesquisa para as universidades argentinas. Lembro de ter lido e relido esse livro durante meus anos de estudante em cópias surradas (que com os anos ficaram cada vez mais amareladas), até quando o próprio Ismail me agraciou com um exemplar da edição original, bem antes que o livro ganhasse tradução para o castelhano em 2008.

Mesmo passado algum tempo, essa obra se mantém ainda hoje como uma das principais reflexões histórico-teóricas produzidas na América Latina. No prólogo da edição em castelhano, Ismail recorda com humildade seu objetivo original: um texto que aspirava somente trazer à tona algumas posturas teóricas entre as décadas de 1920 e 1970, e que por isso se propôs como uma "introdução às estéticas no cinema, e não como um programa poético ou uma intervenção original"[2]. Apesar dessa modesta declaração, seus numerosos leitores encontraram no livro um tratado, tão sutil quanto sintético, para entender os modos de significação no cinema. A estratégia do livro é simples e didática: a partir da tensão entre transparência e opacidade (digamos entre efeito janela e efeito câmera), Ismail articula a complexa rede de relações entre a representação e o real no cinema.

---

2 Ismail Xavier, "Prólogo a la edición en castellano", em: *El discurso cinematográfico: la opacidad y la transparencia*, Buenos Aires : Manantial, 2008, p. 13.

Sua grande descoberta consiste em ter entendido que, no cotejo entre essas duas noções, a contaminação entre elas é mais importante do que a confrontação mecânica e excludente. Não se trata, pois, de opor opacidade e transparência, mas sim explicitar o que subsiste de cada um desses conceitos no outro.

Dois

Nos textos de Ismail, a pergunta sobre o estatuto do cinema é respondida a partir da indagação "com quem dialogam os filmes": que práticas e que discursos incorporam o que parece estranho em sua especificidade[3]. Porque – eis a questão – a especificidade do cinema se constrói nesse intercâmbio, nessa desterritorialização, no afastamento das tradições.

Se o teatro ocupa um lugar central é porque o cinema herdou dele a lógica do melodrama, a noção de "quarta parede" (que por sua vez estabelece descontinuidade e identificação) e certos modos pelos quais o espectador se vincula com o mundo representado. Em *O olhar e a cena*, claro, essas relações entre cinema e teatro aparecem em primeiro plano, mas vale dizer que elas organizam há muito tempo a maneira como Ismail faz sua aproximação dos filmes. Para ele, desde seus trabalhos iniciais, o cinema supõe o encontro entre um evento e um olhar. Ao ser observado, um evento torna-se uma cena. Em todo caso, no cinema, tudo que parece ser um evento espontâneo, não é senão uma cena montada para ser vista por um *voyeur* (o que recebe o nome de "dialética de absorção e exibicionismo")[4].

Nesse sentido, Eduardo Coutinho é uma figura tão importante para a análise do cinema contemporâneo como foi Glauber Rocha nos estudos sobre o cinema dos anos 1960 e 1970: se os "jogos de cena" dele constituem um material privilegiado para o crítico é porque neles pode-se notar um cruzamento complexo entre o documental e a teatralidade. Coutinho não faz uso dos recursos do teatro como um atalho fácil sobre o qual se sustenta o filme, mas sim aproveita certos

---

[3] Idem (org.), *O cinema no século*, Rio de Janeiro: Imago, 1996, p. 13.
[4] Idem, *O olhar e a cena: melodrama, Hollywood, Cinema Novo, Nelson Rodrigues*, São Paulo: Cosac Naify, 2003, p. 19.

mecanismos de encenação dramática para produzir um cinema de ruptura. A perspectiva de Ismail é barroca. E, se admite que a tela do cinema possa ser uma janela, isto ocorre porque se abre para o *grande teatro do mundo*. Diferentemente de Rossellini, que pensava que o pecado original do cinema era sua vocação para o espetáculo, Ismail entende que não há filme sem uma engenharia da ilusão.

O olhar da câmera substitui o olho e proporciona imagens que sempre parecem mostrar mais e melhor do que há para se ver. Mas, sem dúvida, a perspectiva mais enriquecedora consiste na capacidade de mover-se em duas dimensões:

> Dado inalienável de minha experiência, o olhar fabricado é constante oferta de pontos de vista. Enxergar efetivamente mais, sem recusá-lo, implica discutir os termos desse olhar. Observar com ele o mundo mas colocá-lo também em foco, recusando a condição de total identificação com o aparato. Enxergar mais é estar atento ao visível e também ao que, fora do campo, torna visível[5].

Na base da imagem cinematográfica permanece a inevitável vocação de um *voyeur*. Trata-se, com efeito, de elucidar o mundo por meio desse olho mecânico que sempre parece ver melhor e, por sua vez, interrogar incansavelmente o resultado que se apresenta à nossa compreensão. Entre a reflexão e a textura, entre o espetáculo e o discurso, entre o ilusionismo e a desconstrução: há aqui um espectador que se forma como cinéfilo, nos prazeres do cinema clássico e que se converteu em um pesquisador que atravessa os debates ideológicos do cinema contemporâneo.

A representação se apoia tanto naquilo que se mostra como no que deixa de mostrar. Visto que toda imagem supõe um recorte, ela tem que ser responsável por tudo o que fica oculto: o que ela deixa fora deveria despontar como reação no plano, como tensão, como descanso não reconciliado. Os ensaios de Ismail são atravessados pelo impacto que provocaram, no final dos anos 1960, os debates sobre o dispositivo. Partindo do pressuposto de que, para o idealismo cine-

---

5   *Ibidem*, p. 57.

matográfico, a imagem é um reflexo fiel do real (o modo sincrético do realismo clássico ou o essencialista do neorrealismo), para os teóricos do dispositivo a imagem está sobredeterminada pela ideologia. E uma vez que essa imposição regula as relações do espectador com as imagens dentro de certo contexto simbólico, não se trata de uma pergunta ontológica sobre o que é o cinema, mas, de outra forma, de um questionamento ideológico sobre como funciona o cinema. Torna-se necessário, então, bater de frente com o caráter assertivo com o qual toda imagem é imposta e, por outro lado, buscar seus pontos de sutura: submeter o sistema de representação a uma desconstrução crítica.

Esse questionamento extremo sobre o dispositivo teve seus excessos, mas igualmente deixou ensinamentos, pois dinamizou os alicerces da instituição cinematográfica e sua onda de choque se fez sentir tanto nessa época como posteriormente. De algum modo, ainda hoje, pensamos tendo em vista esses debates.

Três

Pode-se dizer que o registro de imagens ao mesmo tempo condena e salva o cinema. Para o bem ou para o mal, é o que o singulariza na história das artes. Há, com certeza, um *bazinismo* inevitável na origem de toda imagem: assim como o Santo Sudário, o mecanismo cinematográfico se apoia sobre o rastro deixado por um objeto, "uma transfusão da realidade do objeto registrado na sua reprodução"[6]. Porém, por sua vez, toda cena resulta de uma pose quando é captada pelo olho da câmera. O cinema é reflexo do mundo, mas, acima de tudo, não é um reflexo inocente. Como queria Bakhtin: "Eu não estou só quando me vejo frente ao espelho, estou possuído de uma alma alienígena"[7]. Por isso, é fundamental estudar as imagens do cinema nessa dupla dimensão. O que pertence ao simples registro e o que contribui para a construção estética? Ou seja, a partir de que momento o registro da imagem de um objeto começa a produzir sentido?

---

6   André Bazin, *¿Qué es el cine?*, Madri: Rialp, 1990, p. 28. [*O que é o cinema?*, São Paulo: Ubu, 2018.]
7   Mikhail Bakhtin, *Estética de la creación verbal*, México: Siglo XXI, 1985, p. 37. [*Estética da criação verbal*, São Paulo: WMF Martins Fontes, 2011.]

Há uma elaborada arte da écfrase em Ismail: a descrição da cena como primeiro passo para a análise. Porque o desvelamento do filme, acima de tudo, é o estudo imanente de sua forma. "O que as imagens podem dizer?"[8]: esta é a pergunta que o crítico deve fazer para si. Em cada plano, o cinema fala sobre a sociedade. Melhor, como a dimensão social desponta nos filmes. A imagem é um texto que exige ser lido e sempre há, como resultado final, um extratexto: uma "outra cena" à qual o filme remete. Não porque essa cena seja exibida pela imagem, mas porque pode ser intuída entre os vincos de sua própria materialidade. É o que se afirma em *Alegorias do subdesenvolvimento* a respeito de certos filmes realizados entre 1964 e 1970, que se afirmaram em sua própria incompletude: "O melhor do cinema brasileiro recusou a falsa inteireza e assumiu a tarefa incômoda de internalizar a crise"[9].

Não se trata de um signo que revela o sentido da realidade, mas que exibe, em sua materialidade, o próprio enigma do real. Para tanto, não é questão de perguntar como o filme imita o mundo, mas sim como o mundo está no filme. Ou seja, intuir o ponto no qual as imagens, sem deixar de serem elas próprias, começam a ser igualmente outra coisa. Seja *Terra em transe* (1967), de Glauber Rocha, *O Bandido da Luz Vermelha* (1968), de Rogério Sganzerla, ou *Matou a família e foi ao cinema* (1969), de Julio Bressane, cada filme é uma ruína onde se deve ler essa particular "dialética de fragmentação e totalização": de sorte que cada filme, em contexto específico, resolve essa tensão[10]. A alegoria surge, então, como um dado comum para se ler um período histórico, uma chave que decifra o sentido da imagem e adquire sentido quando essa "outra cena" adota a fisionomia do contexto nacional.

O desafio consiste em isolar um momento significativo em que o singular funciona como um prisma que refrataria toda uma lógica social. Tal qual o *gestus* brechtiano. E o que Brecht denomina *gestus* social não é qualquer atitude ou gesto em sentido estrito. Não é só a ação desdobrada por um personagem, pois implica, igualmente, um esforço consciente do ator para encenar as condições

---

8 Ismail Xavier, *Encontros – Ismail Xavier*, Rio de Janeiro: Beco do Azougue, 2009, p. 235.
9 *Idem*, *Alegorias do subdesenvolvimento: Cinema Novo, Tropicalismo, Cinema Marginal*, São Paulo: Cosac Naify, 2012, p. 32.
10 *Ibidem*, p. 33.

políticas que subjazem a essa ação e que determinam uma identidade social. É uma atividade e uma atitude, uma ação e um comentário sobre ela. O *gestus* representa de uma maneira crítica uma conduta e a inscreve em um contexto. Daí a insistência de Brecht sobre a forma. É isso que ele faz com seu *Galileu*: ele é um grande físico não porque ensina uma física nova, mas porque a ensina de uma nova maneira. A forma da obra, então, é (deve ser) tão política quanto seu conteúdo. Ou, como diz Godard e seu Grupo Dziga Vertov: "Trata-se de se fazer politicamente filmes políticos"[11].

Quatro

Ao estudar o cinema brasileiro dos anos 1960 e 1970, Ismail rastreia o debate entre os que confiam na potência comunicativa da linguagem clássica e quem aposta em uma poética crítica dominada pela influência brechtiana. Mas é notável que Ismail não pretenda aplicar aos filmes uma matriz geral, uma vez que ele analisa com perspicácia a singularidade que, em cada caso, adota para o debate sobre o nacionalismo cultural. Do Cinema Novo ao Cinema Marginal, ele põe à prova a perseverança da célebre fórmula de Paulo Emílio: "No cinema brasileiro, o subdesenvolvimento não é uma etapa, mas um estado"[12]. (Esse diagnóstico, evidentemente, pode se estender a todo cinema latino-americano.) Nesse sentido, a figura de Glauber Rocha ocupa um lugar central porque inventou um estilo que se sustenta sobre uma forma particular de tensão dialética, apoiando-se simultaneamente na cultura popular e no cinema moderno.

Tal como mostra Ismail, Glauber faz uso parcial da *politique des auteurs*, formulada pelos *Cahiers du Cinéma*: ele imprime uma inflexão diferente, marcada pelo debate ideológico e por uma utopia social. Em *Revisão crítica do cinema brasileiro*, ele traduz/adapta a noção de "política de autores" como "método do autor" e descobre com isso uma chave para pensar certos filmes realizados no Brasil

---

11 Jean-Luc Godard, *Jean-Luc Godard y el Grupo Dziga Vertov: un nuevo cine político*, Barcelona: Anagrama, 1976, p. 171.
12 Ismail Xavier, "Prefácio", em: *Glauber Rocha: revolução do Cinema Novo*, São Paulo: Cosac Naify, 2004, p. 10.

como expressão da cultura nacional. À medida que a *politique* se converte em método, se acentua seu caráter programático. Mais que uma história, o livro de Glauber é um manifesto: apoia-se sobre uma revisão do passado e formula um programa de ação para o cinema do Brasil. Nesse novo contexto, a *politique des auteurs* não é um redescobrimento do passado, visto que se transforma em um programa orientado para o futuro. Não um reconhecimento, mas uma projeção, não um gesto conservador, mas um projeto criador, não uma memória, mas uma utopia. Tal como entende Glauber, a política de autores é um plano de ação revolucionário. Trata-se do cinema a ser feito: não o reconhecimento de uma tradição, mas a promessa de ruptura. Isto implica fazer um cinema independente, de renovação da linguagem e compromisso político. Na América Latina, os autores não são só artistas ou profissionais, mas uma classe social cuja missão revolucionária consiste em buscar as coordenadas possíveis de uma nova ordem.

Para Glauber, o Cinema Novo visa criar uma cultura revolucionária em um país subdesenvolvido. Não se trata só do confronto entre o velho cinema e o novo, mas de uma diferença inevitável entre Europa e América Latina, inclusive entre os cineastas europeus que parecem mais próximos da causa pela libertação latino-americana. Desde o manifesto "Eztetyka da fome", o vínculo de Glauber com a cultura europeia passa pelo confronto: os países desenvolvidos não entendem o que é a América Latina. Com uma precisa intuição geopolítica, Glauber insiste que a realidade social do velho continente é muito diferente da dos países subdesenvolvidos. Essa tensão se expressa com toda a evidência na célebre cena de *O vento do leste* (*Le Vent d'Est*, Grupo Dziga Vertov, 1969), quando Glauber aparece diante da bifurcação de caminhos que representam os modos de entender a função do cinema revolucionário: de um lado o cinema europeu, "de aventura estética e especulação filosófica", e, do outro, o cinema do Terceiro Mundo, cujos desafios estéticos – bem práticos e concretos – consistem em transformar as condições de produção e de mercado.

Diferentemente de Godard, que rompeu com a Nouvelle Vague e pretendia submergir por trás do nome coletivo do Grupo Dziga Vertov, Glauber reivindica o pertencimento ao Cinema Novo, mas sem jamais abandonar sua singularidade como autor. Ele entende que certa forma de biografia pessoal pode se converter em expressão de época. Faz cinema de autor, então, mas não no sentido assinalado pelo individualismo burguês, e sim como expressão de compromisso com a história, e assim põe em cena um esquema maior, uma lógica social compromissada com a mudança. Assevera Ismail:

> [...] cinema épico-didático como um ritual da antirrazão, contra o teatro-cinema como instituição burguesa, a favor de uma arte em sintonia com o mito popular em uma apropriação material (de corpo, gesto e fala) que é libertadora face ao consenso que a ordem social fabrica. Se a mística, como linguagem popular da rebelião, é um momento de expressão que a razão não compreende, para o artista, no entanto, ela é um campo de experimentação tonificado pela energia revolucionária que vem do inconsciente (coletivo) a que o cineasta tem acesso[13].

O diretor desponta como o feiticeiro da tribo, como um visionário, um médium, um sensor privilegiado: as vibrações do social ressoam em sua agitação íntima. É uma lucidez espasmódica e incontrolável, que se expressa por meio do transe e que estabelece uma conexão profunda e misteriosa com o imaginário cultural de uma comunidade.

O subdesenvolvimento como "condição dramática" de um país (ou de um continente) é a base sobre a qual se têm construído os filmes modernos analisados em *Alegorias do subdesenvolvimento* ou em *Cinema brasileiro moderno*: é das condições do subdesenvolvimento que desponta um cinema de agitação, agressivo e de resistência. Se a noção de alegoria aparece, frequentemente, como espaço privilegiado para observar as relações entre uma forma e um momento político, ela do mesmo modo permite explorar as diferenças entre essa conjuntura e nosso presente: o que resta de tudo isto, o que foi absorvido e o que, todavia, resiste. Com uma clareza exemplar, Ismail compreendeu que a função da crítica cinematográfica não é dar respostas, mas ensaiar acerca das interrogações que os filmes propõem a seus espectadores, e com isso abranger a dimensão do pensamento como um desafio.

---

13 *Ibidem*, p. 23.

Cinco

Uma característica evidente do colonialismo cultural na América Latina pode ser vista pela maneira como os críticos costumam reagir aos filmes, forçando-os a se acomodar a categorias pensadas para outros contextos. Há – como afirma Ismail – um "colonialismo teórico". Não deve causar estranheza que, com frequência, as pesquisas acabem circunscritas às engrenagens acadêmicas, que tendem a reproduzir seus próprios mecanismos e estabelecer um circuito para cada conceito: a moda, o contágio, a repetição, a aplicação e o que fica ultrapassado com o tempo. Como pensar a partir de novos conceitos, apropriados ao nosso contexto, quando sempre se tem o que estava sendo procurado?

Caso se queira preservar seu único propósito inegociável, que é converter-se em um campo de reflexão crítica, a teoria do cinema latino-americano não deve buscar as mesmas respostas de sempre, mas em contrapartida deve desenvolver a capacidade de formular suas próprias perguntas no confronto direto com os filmes concretos. A questão, como sempre, consiste em saber como é possível um intercâmbio necessário – mas de modo geral assimétrico – com outras tradições acadêmicas, como experimentar em dimensões imaginativas sem limitar-se a uma aplicação dogmática, como equilibrar a apropriação de teorias e métodos com o desenvolvimento de linhas de pesquisa próprias. É evidente que a aquisição e a formulação de novos conceitos e novos territórios teóricos continuam fortemente dominadas pelo fator geopolítico, que orienta o fluxo numa única direção.

Neste e em muitos outros aspectos, Ismail tem sido nosso contrabandista mais eficiente e nosso intérprete mais valioso. Foi o primeiro que entendeu que não é questão de aplicar teorias alienígenas para exemplos locais com a finalidade de ilustrá-las, mas que se trata de indagar filmes e conceitos numa relação corpo a corpo: de que maneira certas ideias servem para pensar os filmes e, por sua vez, de que maneira cada filme contribui para a reflexão sobre o cinema. Desde que li pela primeira vez *O discurso cinematográfico*, seus livros têm sido um guia constante para meu trabalho de pesquisa, um laboratório avançado que ensaia novos conceitos e uma caixa de ferramentas a que posso recorrer toda vez que necessito de referência. Não posso mencionar nenhum outro crítico latino-americano que, ao longo de trinta anos, tenha sido tão influente na minha maneira de pensar o cinema.

Os escritos de Ismail resistem orgulhosamente com o passar do tempo. Melhor, assim como sucede com os clássicos, seus escritos conseguem se misturar na corrente de mudanças como se, em cada momento, intuíssem qual é a questão que deve ser feita aos filmes para que eles falem sobre nós.

ISMAIL XAVIER

SERTÃO MAR
GLAUBER ROCHA
e a estética da fome

EMBRAFILME/Secretaria da Cultura/MEC

editora brasiliense

ismail
crítico
de
cinema

a juvenília de Ismail

Marcelo Miranda

Ismail ainda era estudante de cinema e engenharia quando publicou seus primeiros textos de crítica de cinema. Entre 1967 e 1969, o intelectual hoje consagrado mesclava o precoce rigor da análise à liberdade de formas heterogêneas de escritura. O artigo mostra o início da trajetória do crítico em busca de um estilo próprio e de novas formas de olhar.

"Várias vezes premiado na II Semana do Cinema Brasileiro, realizada em Brasília, *Todas as mulheres do mundo* consistiu na grande surpresa deste festival." Com essa sentença informativa, de caráter jornalístico, o jovem Ismail Xavier, aos vinte anos, iniciava seu primeiro texto publicado na imprensa. Era meados de 1967, e o longa-metragem de estreia de Domingos de Oliveira, protagonizado por Paulo José, estava em cartaz. O artigo sobre *Todas as mulheres do mundo* (1966) saiu na edição número 10, referente a agosto/setembro daquele ano, do jornal bimestral *Artes*, dirigido por Carlos von Schmidt. Depois de um primeiro emprego como professor de física num cursinho, Ismail tornara-se estudante de engenharia na Escola Politécnica da USP em 1965, e havia acabado de ingressar no recém-criado curso de Cinema da Escola de Comunicações e Artes (ECA) na mesma instituição.

Para Ismail, *Todas as mulheres do mundo* era "uma inteligente e sofisticada comédia, que se transformou em objeto de grande atenção da crítica e do público", por, entre outros motivos, ser "dinâmica, de ritmo fluente, cinematográfica. Onde o humor inteligente e refinado se alicerça na imagem, na *mise-en-scène* e na montagem". Chamava o filme de "melhor comédia até hoje realizada no Brasil" e demonstrava conhecimento da linguagem audiovisual, de termos técnicos e uma percepção que, se ainda necessitava de melhor apuro, era bastante sofisticada – em especial quando se detinha no contexto do cinema feito no Brasil naquele momento histórico.

De um lado, para Ismail, *Todas as mulheres do mundo* não se enquadrava na tradição da chanchada dos anos 1940 e 1950 nem aderia completamente à modernidade do começo dos anos 1960 que "veio transformar radicalmente o panorama cultural do cinema brasileiro". Continuava ele:

> Sem corresponder aos postulados básicos do Cinema Novo, sem constituir o tipo de cinema característico deste movimento, no tocante à preocupação temática, [o filme] vem sofrer indiretamente os seus reflexos, quando comprova uma vez mais que as coisas se modificaram em nossa cinematografia, onde não há mais clima para uma produção no estilo das velhas realizações de péssimo nível[1].

Apesar dos elogios e do reconhecimento de sua importância num cenário efervescente de novas formas de olhar, o crítico era cuidadoso em não confundir sucesso de público com sucesso estético, terminando com um misto de exaltação e advertência:

> Não julgamos que a fita [...] possa, em termos culturais, abrir novos caminhos para a cinematografia nacional. [...] Não lhe negamos valores artísticos, mas daí a qualificá-la de genial, de filme que mais abre caminhos, consideramos

---

1 *Artes*, ago./set. 1967.

um exagero originado do otimismo daqueles que superestimam a bilheteria como fator para o julgamento de uma obra. [...] Pelo que fez, [Domingos de Oliveira] já demonstrou sua real capacidade e seu grande talento. Esperamos, contudo, que no futuro tenha algo mais significativo a dizer, além da simples proclamação do seu amor por Leila Diniz e por todas as mulheres do mundo[2].

O convite para o *Artes* foi consequência natural para Ismail. O rapaz curioso e franzino vindo de Curitiba, onde nascera em 1947, tinha constante presença nas atividades culturais de São Paulo. Frequentava salas de cinema de arte, como o Cine Bijou, e passou a integrar a Sociedade Amigos da Cinemateca (SAC) em 1966. Aproximou-se de Paulo Emílio Sales Gomes, Jean-Claude Bernardet, Rudá de Andrade, João Silvério Trevisan e João Batista de Andrade, antes mesmo de ingressar na ECA. Ele mesmo contou, numa conversa com o autor deste texto em novembro de 2017:

> Foi no cineclubismo universitário, que era bastante politizado (na medicina, no direito, na filosofia ou na própria engenharia), que comecei a minha atividade de cinéfilo, ainda em 1965-6. Uma iniciativa importante neste período foi a organização de uma Semana do Cinema Brasileiro, na Biblioteca Municipal de São Paulo, com presença de críticos convidados que apresentavam os filmes e com quem fiz amizade, como Paulo Ramos, Antônio Lima e Rogério Sganzerla.

Duas experiências específicas foram marcantes nesses dois anos pré-ECA: um curso de cinema no Foto Cineclube Bandeirantes, organizado pelo crítico Adhemar Carvalhaes e com aulas com os diretores Roberto Santos (*A hora e vez de Augusto Matraga*, 1965), Anselmo Duarte (*O pagador de promessas*, 1962) e Walter Hugo Khouri (*As amorosas*, 1968); e sua primeira iniciativa prática no campo cultural, participando da produção de um show de música com Chico Buarque, Geraldo Vandré e Gilberto Gil, no embalo do movimento tropicalista, no teatro Tuca, em 1966.

---

2 *Ibidem.*

Escrever sobre *Todas as mulheres do mundo* no *Artes* inseriu o agitado e militante estudante na imprensa escrita, mas curiosamente ele nunca mais voltou a colaborar naquele jornal. Ainda no final da década, em junho de 1968, Ismail passou a integrar uma equipe de jovens críticos, indicada pelos professores da ECA Paulo Emílio, Jean-Claude e Rudá, com a tarefa de escrever para o *Diário de S. Paulo*, então um periódico decadente devido à crise dos Diários Associados de Assis Chateaubriand. Ismail coordenava o grupo, composto por Eduardo Leone, Marília Aires de Souza, Djalma Limongi Batista, José Possi Neto, Sérvulo Siqueira, entre outros que iam e vinham. No período de um ano, produziu dezenas de textos no espaço de duas pequenas colunas numa página semanal dedicada a cinema. Os filmes a serem criticados eram definidos pelo ritmo do circuito comercial de exibição paulista e pela disponibilidade de cada participante do grupo. Dividindo-se entre as aulas da engenharia e do cinema e as várias atividades extracurriculares que mereciam sua multifacetada atenção, Ismail passou pela experiência de escrever no calor das primeiras impressões, muitas vezes sem tempo de reflexões mais ampliadas.

Isto porque o *Diário* queria os textos sempre às terças-feiras. A maioria das estreias acontecia na segunda-feira. Numa época sem sessões prévias para a imprensa, Ismail muitas vezes assistia aos filmes na primeira sessão, corria para a redação do jornal e redigia, em tempo exíguo, o artigo para o dia seguinte. "Vinham as opiniões telegráficas e não raro os argumentos caíam no clichê. Eu me apoiava demais nas veleidades de 'estudante engajado'."[3]

O ano no *Diário de S. Paulo*, entre junho de 1968 e junho de 1969, foi certamente a época de maior periodicidade com que Ismail Xavier escreveu na imprensa. Foi quando exerceu, talvez pela única vez com exclusividade, a atividade regular de crítico de cinema. Com a desinibição de seus 21-2 anos, Ismail mesclava o precoce rigor da análise à liberdade de formas heterogêneas de texto. Possivelmente pressionado pela correria do ambiente de redação e cansado de eventualmente repetir ideias, arriscou na escrita em várias ocasiões, antecipou-se na apreciação superficial de algumas "fitas" e não se inibiu em lidar com filmes de difícil trato em momentos de descoberta. Frequentemente descrevia cenas

---

3 Ismail Xavier, *Encontros – Ismail Xavier*, Rio de Janeiro: Beco do Azougue, 2009, p. 273.

e procedimentos para relacioná-los ao extrafílmico que o cercava, aplicando, ainda aos poucos, a metodologia crítica que aprimoraria nas futuras aulas com Antonio Candido e na orientação de Paulo Emílio durante o mestrado em teoria literária (1971-5). Numa frase da introdução de seu *Sétima arte: um culto moderno*, livro originado da dissertação e publicado em 1978, Ismail resume o que se configurava (e que vale ainda hoje) como sua visão para a crítica:

> Quando se discute uma questão de método na prática de análise de filmes, não está somente em jogo uma competência técnica particular, mas a mobilização de toda uma visão de cultura que, ao mesmo tempo, estabelece o lugar do objeto no contexto social e o lugar da própria análise[4].

Ater nosso foco à experiência inicial de Ismail na crítica, antes de ele se tornar conhecido nos meios acadêmicos e reflexivos do país, permite o exercício de olhar para esse conteúdo com distanciamento e contextualização na busca pelo sujeito-autor que "se atesta unicamente por meio dos sinais da sua ausência", como escreveu o filósofo italiano Giorgio Agamben sobre a figura autoral que não se revela de imediato: "Nós procuramos em vão decifrar, nos seus traços enigmáticos, os motivos e o sentido da obra como o exergo intratável, que pretende ironicamente deter o seu inconfessável segredo"[5]. Saber um pouco mais desse primeiro Ismail e de sua juvenília nos revela a origem de uma ampla e consagrada trajetória de pensamento e intervenção no cenário cultural brasileiro.

O começo

Logo num dos primeiros textos para o *Diário de S. Paulo*, Ismail Xavier encara *Cidadão Kane* (1941), que tivera estreia na cidade quase trinta anos antes (tendo sido analisado por um jovem Paulo Emílio na revista *Clima*[6]) e era reapresen-

---

4 Idem, *Sétima arte: um culto moderno*, São Paulo: Sesc, 2017, p. 20.
5 Giorgio Agamben, *Profanações*, São Paulo: Boitempo, 2007, pp. 61-2.
6 O primeiro texto de Paulo Emílio Sales Gomes sobre *Cidadão Kane*, publicado na revista *Clima* em dezembro de 1941, integra a compilação *O cinema no século*, São Paulo: Companhia das Letras, 2015.

tado em São Paulo naquele 1968. Ismail exortava o leitor: "Você que vê na arte algo distinto de um ornamento, não perca esse vigoroso documento das contradições de uma época e de um estilo de vida, que se transformou num dos pontos altos da arte do cinema"[7]. No breve comentário sobre o primeiro longa-metragem de Orson Welles, Ismail se detinha em descrever os personagens e alguns acontecimentos de enredo, relacionando-os a procedimentos estéticos e a cinematografias de outros países com notável precisão:

> Fala-nos de Charles Foster Kane, magnata típico, sua ascensão, sua decadência. Os cenários monumentais, a fotografia barroca, violentamente contrastadas, que lembra o cinema alemão das décadas anteriores, a montagem rápida, a estrutura fragmentária, cujos elementos compostos nos dão uma imagem da trajetória de Kane, narrada através de vários personagens que com ele conviveram, cada qual com sua visão própria da vida do Cidadão[8].

Em relação a *Bonnie e Clyde: uma rajada de balas* (1967), Ismail demonstrava a preocupação (constante na evolução de seu trabalho pós-*Diário de S. Paulo*) em relacionar o filme ao ambiente que cercava a produção e às escolhas formais do realizador. Ao comentar o longa de Arthur Penn, o jovem crítico detecta a proximidade da violência retratada na perseguição aos dois protagonistas à cultura armamentista norte-americana, assunto já muito presente no noticiário dos Estados Unidos.

> A arma assume o comando de tudo, nada pode ser decidido ou feito sem a sua presença; até para tirar fotografia a arma é indispensável. [...] A lei não é nada senão homens fardados atirando sem parar, com um ódio e temor maiores, sua forma de ação é a tocaia. Este é o quadro de uma sociedade onde todo mundo possui uma arma, único instrumento de mediação, elemento que soluciona tudo, inclusive a sucessão presidencial[9].

---

7   *Diário de S. Paulo*, 17 jul. 1968.
8   *Ibidem*.
9   *Diário de S. Paulo*, 21 jul. 1968.

Encontros com Glauber

Em 1967, Ismail escrevera um texto (hoje perdido) sobre *Terra em transe* (1967) num jornal estudantil, mas foi no *Diário de S. Paulo* que o leitor da época tomou o primeiro contato com uma análise sua de um filme de Glauber Rocha. Apesar de filmado em 1960 e montado em 1961, somente em 1968 é que *Barravento*, longa-metragem de estreia do cineasta baiano, enfim entrava em cartaz em São Paulo. Lá foi o estudante Ismail, que, depois de já ter assistido a *Deus e o diabo na terra do sol* (1964) e *Terra em transe* – e possivelmente conhecendo os escritos críticos de Glauber (compilados, mais de três décadas depois, numa edição de *Revisão crítica do cinema brasileiro* com prefácio do próprio Ismail), tinha curiosidade por sua incursão inicial como realizador.

Vale ressaltar que, sendo o primeiro dos inúmeros textos sobre Glauber que Ismail produziu, a crítica a *Barravento* (1962) não foi exatamente o encontro inicial dos dois num veículo de imprensa. Considerando a trajetória posterior de Ismail, houve uma irônica coincidência ainda no *Artes,* que, como dito, trazia sua estreia em jornais em 1967. Logo abaixo do texto sobre *Todas as mulheres do mundo* havia um segundo conteúdo na mesma página. Sob o título "terra em transe" (assim mesmo, em minúsculas), vinha uma entrevista com Glauber Rocha, à época com 28 anos, falando sobre o fim das filmagens de seu terceiro longa-metragem, justamente *Terra em transe*, lançado na segunda metade daquele mesmo ano. Num bate-papo reproduzido ao estilo pergunta-e-resposta, o baiano adiantava diversos aspectos do filme vindouro, alertando: *"Terra em transe* não pretende ser a 'filosofia da política' porque esta não é minha função. Atendo somente à minha consciência"[10]. No passar dos anos, a obra de Glauber se tornou um dos principais objetos de estudo de Ismail, compondo, entre diversas outras recorrências, sua tese de doutorado (que virou o livro *Sertão mar: Glauber Rocha e a estética da fome*, lançado em 1983) e trechos importantes de *Alegorias do subdesenvolvimento: Cinema Novo, Tropicalismo, Cinema Marginal*, publicado pela primeira vez em 1993 e fruto da livre-docência na Universidade de Nova York.

---

10 *Artes*, ago./set. 1967.

Um ano depois daquele encontro fortuito no *Artes*, Ismail escrevia sobre *Barravento* para o *Diário de S. Paulo*. Definido logo na primeira sentença como "o mais importante cineasta brasileiro e sul-americano"[11], Glauber teve do crítico a visão generosa a um talento desde sempre detectado. Num artigo de cinco parágrafos breves, o primeiro terço contextualizava a produção do filme (incluindo a pendenga com Luiz Paulino dos Santos, que seria o diretor, tendo se afastado após brigas com Glauber), para em seguida identificar elementos característicos da primeira fase do Cinema Novo: "Condições artesanais de produção aliadas à vontade enorme de dizer aquilo que precisava ser dito, dentro do nível de consciência alcançado"[12].

O texto se dedicava a analisar o protagonista de *Barravento*, Firmino (Antonio Pitanga), jovem que, depois de estudar na cidade grande, retorna à vila de pescadores onde antes morava. Ismail detecta as relações entre materialismo e mística que se aprofundam nas relações apontadas pelo filme de Glauber:

> O panorama que encontra é o estado limite de sobrevivência de todos, graças às condições de trabalho. Aliado a esta condição, emerge como principal elemento da vida da comunidade o misticismo, que atribui todos os males a forças mágicas e reserva sua solução às divindades. Ao homem resta apenas a resignação e o apelo aos deuses como forma de luta[13].

Ao final, Ismail reconhece certo anacronismo de *Barravento*, ainda que veja nele a força das questões centrais dentro da sociedade brasileira da época:

> O filme foi realizado há sete anos e muitas de suas proposições estão hoje ultrapassadas, principalmente no que se refere à forma de encarar o próprio cinema como instrumento de ação política, mas aquilo que lhe serve de base e constitui sua preocupação central permanece nos mesmos moldes: os problemas da nossa realidade, suscitados pela fita, longe estão de ser superados[14].

---

11 *Diário de S. Paulo*, 26 jul. 1968.
12 *Ibidem*.
13 *Ibidem*.
14 *Ibidem*.

A conclusão da crítica a *Barravento* trazia implícita a constatação de que, com o golpe militar de 1964, o projeto de revolução popular apregoada por Glauber em *Deus e o diabo* havia falhado. A ressaca viera em *Terra em transe* três anos depois. *Barravento*, então, chegava atrasado à conversa, ainda impregnado de um tipo de utopia que nem mesmo Glauber carregava mais. Ismail, consciente do estado das coisas num país pré-AI-5, apontava no filme o olhar retrospectivo a questões sociais e econômicas que não apenas permaneciam como tendiam a se agravar.

Num dos últimos artigos para o jornal, em junho de 1969, Ismail voltou a escrever sobre Glauber, analisando *O dragão da maldade contra o santo guerreiro* (1969). Fazia duras ressalvas, enumerando vários elementos da estrutura do filme e lançando logo de saída: "Tudo articulado dentro de um grande equívoco"[15]. Ele dizia que o cineasta baiano, vindo dos choques de *Deus e o diabo* e *Terra em transe*, "confunde revisão com repetição. E se repete. E quando não se repete, repete os outros, diluindo". A crítica a *O dragão da maldade* é especialmente interessante porque, mais de uma década depois, no começo dos anos 1980, Ismail volta ao filme e dedica-lhe um capítulo inteiro no vindouro livro *Alegorias do subdesenvolvimento*. Em outro contexto (de vida, de estudos e de ambiente cultural), analisa *O dragão* cena por cena e reconhece que, "embora tenha seus momentos esquemáticos", o filme de Glauber "constrói uma alegoria que ultrapassa o simples retorno ao 'nacional-popular' do início dos anos 1960. O filme desconfia, sem dúvida, da modernização e lhe endereça a condenação moral"[16].

A militância pela crítica

Em algumas situações, Ismail usou o pequeno e apressado espaço no *Diário de S. Paulo* para tratar de assuntos políticos e sociais variados, pondo em prática o que absorvia de seu grande tutor, Paulo Emílio, ainda na faculdade. Num texto de 2016, ele assim resumiu o que sempre o moveu na seara da intervenção cultural:

---

15 *Diário de S. Paulo*, 17 jun. 1969.
16 Ismail Xavier, *Alegorias do subdesenvolvimento: Cinema Novo, Tropicalismo, Cinema Marginal*, São Paulo: Cosac Naify, 2012, p. 310.

> Para uma ação política consequente é preciso conhecer a formação do país que constitui o contexto imediato desta intervenção; não se deter apenas em conceitos, teorias gerais da história que, embora balizem o pensamento, têm de ser cotejadas com a realidade que se vive aqui-agora, pois o essencial é o corpo a corpo não dogmático com a ordem social e cultural que nos cerca[17].

Na crítica a *No calor da noite* (1967), de Norman Jewison, Ismail ampliava suas percepções de mundo para a estrutura racista da sociedade norte-americana. Em "A ideologia da Casa Branca"[18], usava metade do espaço para explicar o impacto da abolição da escravatura nas relações de trabalho entre brancos e negros nos Estados Unidos e o quanto a segregação de raça se mantinha há séculos como dado fundamental da economia do país. "A ideologia racista luta desesperadamente por sua sobrevivência, porque é uma forma de garantir a sobrevivência da exploração; como encontra oposição, estabelece-se o conflito que apavora a Casa Branca e Wall Street em cada um dos seus episódios violentos."[19]

O texto, publicado em agosto de 1968, vinha quatro meses após o assassinato de Martin Luther King e estava impregnado da resignação do fracasso na luta pelos direitos humanos. Possivelmente por isso, Ismail apontava fragilidades no trato de Jewison com as relações entre brancos e negros em *No calor da noite*: "O que nós poderíamos interpretar como crítica ao racismo no filme fica apenas no plano ideológico, no plano das circunstanciais injustiças e agressões. As motivações profundas dessa segregação, ligadas aos interesses de lucro, não são colocadas"[20].

Sobre *O caso dos irmãos Naves* (1967), Ismail tocava diretamente no cenário político brasileiro. O filme de Luiz Sergio Person se apresentava como reconstituição ficcional da prisão, tortura e condenação de dois irmãos acusados de assassinato no interior de Minas Gerais, no final dos anos 1930, sob a ditadura de Getúlio Vargas. A certa altura do artigo, Ismail compara o drama na tela ao Brasil de 1968:

---

17 "A crítica não indiferente", prefácio à coletânea de Paulo Emílio Sales Gomes, *Uma situação colonial?*, São Paulo: Companhia das Letras, 2016, p. 12.
18 *Diário de S. Paulo*, 4 ago. 1968.
19 *Ibidem*.
20 *Diário de S. Paulo*, 4 ago. 1968.

Não foi por acaso que o filme foi feito, nem por curiosidade. Antes de tudo, é fruto da nossa realidade de hoje, muito semelhante à que a fita apresenta, em alguns aspectos. Em ambas emergem a arbitrariedade e a opressão policial como formas de justiça, como elementos de solução das questões colocadas a um poder instalado pela força. A lei, a estrutura jurídica, desnuda-se na sua esterilidade, na sua burocracia e na sua retórica falseadora e mentirosa[21].

Ao final do texto – cujo título, "Arbitrariedade e opressão", se referia ao filme, mas podia também ser lido como resumo do presente –, aponta o choque provocado pelas cenas de tortura e retoma a relação com o país de seu momento histórico: "[A violência do filme] nos incomoda, nos inquieta. E por isso mesmo, provoca a reflexão. Essa reflexão tão necessária e tão dificultada nos dias de hoje"[22].

De todo o período no *Diário de S. Paulo*, Ismail se orgulha especialmente da adesão total e irrestrita do grupo de críticos ao lançamento de *O Bandido da Luz Vermelha*, de Rogério Sganzerla. Conforme ele mesmo contou, em 2009:

Tivemos a chance maior de efetiva militância crítica: em dezembro de 1968, nas vésperas da imposição do AI-5[23], é lançado *O Bandido da Luz Vermelha*. Saímos a campo, num gesto com mínima ressonância num jornal sem leitores, mas fizemos a página com espírito de manifesto. O filme ganhou espaço como um marco de época[24].

O artigo de Ismail, escrito com mais tempo e dedicação se comparado a muitos outros do mesmo período (pois, dessa vez, ele conseguira assistir ao filme de Sganzerla quase uma semana antes do *deadline* do texto), era intitulado "Lixo sem limites" e exaltava a inquietação provocada pelo longa-metragem. Começava

---

21 *Diário de S. Paulo*, 2 ago. 1968.
22 *Ibidem*.
23 A página dedicada a *O Bandido da Luz Vermelha* foi publicada no *Diário de S. Paulo* apenas três dias antes da promulgação do AI-5.
24 Ismail Xavier, *Encontros – Ismail Xavier, op. cit.*, p. 273.

em tom de intervenção: "Se você já assistiu, experimentou, se ainda não foi ver, já deve ter ouvido falar da confusão ou da 'esquisitice' de *O Bandido da Luz Vermelha*"[25]. Todo o texto se configura num diálogo com um leitor imaginário e na insistência em desconstruir expectativas.

> As ações que a imagem lhe revela não têm nada de especial, não são heroicas, o bandido não é aquilo que você esperava, a polícia, as batidas, os tiroteios, os assaltos, parecem perder a consistência. Tudo é frustrador demais para que você aceite, mas trata-se do seu mundo[26].

Ismail dizia que o filme "é a expressão realmente genial (cabe o termo) do nosso contexto" e que Sganzerla "reflete a formação cultural de sua geração, toda ela moldada por uma referência cinematográfica, que contamina profundamente sua forma de sentir e expressar as coisas". A empolgação encontra eco no parágrafo derradeiro, quando o crítico vaticina que "o cinema urbano, paulista, brasileiro, explodiu" e que "os papas do cinema metafísico introspectivo e geométrico há muito já morreram. [...] *O Bandido* enfocou uma opção clara aos que estão vivos (metafísicos ou não): renovar ou morrer". Em 2009, Ismail relembrou que o texto sobre o filme de Sganzerla se configurava como adesão "ao Tropicalismo e às minhas leituras sobre a mídia que vinham se juntar à alegria do cinéfilo que encontra o bom objeto"[27].

Outros diretores brasileiros em começo de carreira tiveram de Ismail a atenção e rigor a determinados procedimentos iniciáticos. Foi o caso de Gustavo Dahl em *O bravo guerreiro* (1968), sobre o qual ele destacava a utilização da palavra como elemento estético importante nas discussões de poder propostas em cena:

> Um filme que é um discurso. Um filme sobre o discurso. Um filme que se estrutura, se articula e se desenvolve em torno do discurso. Um filme que re-

---

25 *Diário de S. Paulo*, 10 dez. 1968.
26 *Ibidem*.
27 Ismail Xavier, *Encontros – Ismail Xavier, op. cit.*, p. 273.

vela a estrutura do discurso. Um filme rigoroso como um discurso, político, em que cautelosamente se justapõe e se contrapõe os elementos, construindo precisamente uma peça rígida, que se pretende inatacável, que se apresenta frio, matemático, científico, mas que é fruto de um envolvimento total de quem pronuncia[28].

Em relação a Eduardo Coutinho e seu *O homem que comprou o mundo* (1968), Ismail percebeu "um trabalho extremamente irregular, com muitos altos e baixos"[29]. Coutinho fizera uma alegoria sobre o capitalismo, mostrando um sujeito comum de classe média, José Guerra, que, repentinamente, torna-se o homem mais rico do mundo. Para o crítico, o enredo não se sustentava para além das provocações.

Uma vez colocados, os elementos são logo abandonados, não existindo um fio condutor da ação que ultrapasse a construção dramática. Vamos aos trancos e, no final, somos surpreendidos por uma autêntica fuga de José Guerra cujo rumo não se define. E com ela não se define a fita também[30].

Do esgotamento semanal ao profissional onipresente

No cumprimento do *deadline* e no acúmulo de trabalho e da necessidade de não se repetir, Ismail muitas vezes foi taxativo sobre alguns filmes, mesmo em textos que tateavam argumentos coesos rumo a conclusões como "esse coquetel muito mal preparado, [...] não temos apenas um simples *nordestern*, mas propriamente um *nordestern* mal concebido, dirigido e interpretado"[31], sobre *Maria Bonita, rainha do cangaço* (1968), ou então "o caminho de Cacoyannis para se realizar

---

28 *Diário de S. Paulo*, 20 maio 1968.
29 *Diário de S. Paulo*, 19 set. 1968.
30 *Ibidem*.
31 *Diário de S. Paulo*, 21 ago. 1968.

como artista que se pretende útil à humanidade está longe de ser este"[32], a propósito de *Quando os peixes saíram da água* (1967). Em relação a *A praia dos desejos* (1968), de Harvey Hart, utilizava ironia, deboche e algumas expressões que desapareceram de seus textos futuros:

> Sobram três lindas lições: se você é jovem, não se entusiasme nem fique rodeando um Don Juan mais velho, porque isso só lhe prejudica; se você é músico, trate de tocar ié-ié-ié ou mude de profissão, porque pode ser convocado para o Exército; se você é mulher e jovem, afaste-se do mundo artístico e evite experiências longe de casa porque dá em tragédia; nada como a segurança da proteção paterna[33]!

Considerando o estilo frequentemente rigoroso e o raciocínio detalhista e panorâmico com que os leitores de Ismail Xavier se acostumaram a partir da publicação de livros como *O discurso cinematográfico* (1977), *Sétima arte: um culto moderno* (1978) e *Alegorias do subdesenvolvimento* (1983), é bastante singular deparar-se com artigos em que ele variava a forma da escrita na tentativa de quebrar a monotonia do texto semanal, ao mesmo tempo em que deixava implícito o desgaste com a rotina imposta pelo *Diário de S. Paulo*. A impaciência do crítico se manifestava com mais frequência na fase final no jornal. Alguns textos deixavam transparecer o ranço do cansaço daquele jovem de 22 anos – a essa altura, em paralelo, Ismail estava a um ano de se formar nos dois cursos que fazia na USP.

Algumas idiossincrasias – podemos também chamar de implicâncias – surgem explícitas na leitura continuada das críticas. Uma delas é com o chamado "filme de espião", ou "golpe perfeito da indústria do cinema"[34]. Essa antipatia de Ismail se mostrou em altíssima potência num texto sobre *Mercenários do crime* (1966), de Albert Cardiff, Robert Lynn e Sheldon Reynolds. O autor quebra completamente a estrutura quase sempre constante de sua escrita e faz uma espécie de

---

32 *Diário de S. Paulo*, 24 jul. 1968.
33 *Diário de S. Paulo*, 3 set. 1968.
34 *Diário de S. Paulo*, 11 set. 1968.

enumeração concretista dos elementos malsucedidos, num raro exemplo de escrita que Ismail pouco se arriscou a praticar depois.

> Três produtores: França, Itália e Áustria ($ $ $).
> Três diretores (!!!, ???, ?!?).
> Três canastrões: ( ), ( ), ( ).
> Três estórias numa só (todas sem imaginação, monótonas).
> [...]
> Três pessoas na tela, porque o filme é inteirinho desfocado.
> [...]
> Três maneiras de morrer nos dias de hoje: choque elétrico, tiro ou atropelamento.
> Três únicas boas piadas: disco de macarrão (e toca); batina vermelha que vira capa de toureiro; papel higiênico com o mapa do tesouro.
> Três coisas chatas: as piadas são todas na mesma estória; as piadas são todas na mesma cena; o resto do filme está cheio de coisas que se pretendem piadas.
> [...]
> Três conselhos: não vá ao cinema porque você perde duas horas; não vá ao cinema porque você paga; não vá ao cinema porque o cinejornal é do Primo Carbonari.

Na semana seguinte, Ismail voltava a escrever de maneira pouco convencional. O texto era sobre *Lance maior* (1968), estreia de Sylvio Back na direção de longas-metragens e filmado em Curitiba, cidade natal do crítico. Ismail usa a enumeração para descrever personagens, cenas e aspectos da linguagem e do enredo, de forma a conduzir o leitor pelos procedimentos de Back. Assim ele inicia o texto: "*Lance maior* é de Curitiba. Curitiba é brasileira. Uma cidade. *Lance maior* é um filme. Brasileiro. Vejamos Curitiba – *Lance maior*"[35]. Depois, na mesma toada, caracteriza as ações dos protagonistas e do diretor a partir da relação com a capital paranaense e com a própria produção cinematográfica no país:

---

35 *Diário de S. Paulo*, 1 mar. 1969.

Os colegas de Mário estão insatisfeitos porque o banco não paga o suficiente. Os patrões de Mário estão insatisfeitos porque os empregados estão reclamando. Curitiba está insatisfeita porque não tem cinerama e os automóveis não a fizeram entrar no século XX. Os automóveis estão insatisfeitos porque exigem melhores motoristas. O cineasta está insatisfeito porque precisa de maiores recursos[36].

Ao fim, dirige-se ao leitor: "Você está insatisfeito porque está cansado de compras e vendas. Você está insatisfeito. Vá ver *Lance maior*".

Percebia-se, nesses breves experimentos sobre *Mercenários do crime* ou *Lance maior* a ousadia de um jovem crítico claramente se cansando de escrever num mesmo ritmo de texto e produção. Não deve ser coincidência que a fase no *Diário de S. Paulo* terminou menos de um ano antes de Ismail se formar tanto em engenharia quanto em cinema. Afinal, logo em 1971, ele passava a integrar o corpo de professores da ECA ao mesmo tempo em que iniciava o mestrado em teoria literária. A produção crítica na imprensa sofreu brusca freada: depois de um ano escrevendo rotineiramente sobre os filmes em cartaz para o *Diário de S. Paulo*, Ismail Xavier deixava de lado o corre-corre da atividade regular de redação para se dedicar integralmente às pesquisas acadêmicas.

Um ou outro texto de Ismail surgiu eventualmente na imprensa entre 1971 e 1975, com destaque para seu primeiro grande escrito pós-*Diário de S. Paulo*, na edição número 3 da revista *Argumento*, em janeiro de 1974. "Em torno de *São Bernardo*" trazia seis páginas dedicadas a um minucioso olhar para o filme de Leon Hirszman lançado um ano antes e se configurava seu melhor texto até então. "Tive aí o meu sentimento de estreia, em função da revista, do contexto e da forma como expus a minha posição."[37]

Dali em diante, desaparecia a urgência do jornal diário e a exiguidade do espaço limitado e entrava a mudança de *status* do jovem crítico estudante para o in-

---

36 *Ibidem*.
37 Ismail Xavier, *Encontros – Ismail Xavier, op. cit.*, p. 274.

telectual reflexivo e onipresente nas discussões culturais brasileiras e internacionais. A partir dos anos 1970, a presença de Ismail na mídia se intensificou em publicações constantes em revistas (*Filme Cultura, Novos Estudos Cebrap, Sinopse, Cult, Cine Olho*), em jornais (*Folha de S.Paulo*, em especial no finado suplemento "Mais!"), *sites* (*Contracampo*) e diversos outros espaços (como catálogos, encartes e material complementar de mostras) – para além dos livros, prefácios e posfácios e ensaios constantemente publicados ou republicados. E assim permanece, para nosso ganho.

ISMAIL XAVIER

O Discurso Cinematográfico

A OPACIDADE
E A TRANSPARÊNCIA

2ª EDIÇÃO
REVISADA

PAZ E TERRA
CINEMA

ismail: influência e legado

o cinema brasileiro moderno por Ismail Xavier

Adilson Mendes[1]

O cinema brasileiro moderno é o foco e o modo como Ismail articula o debate em torno do conceito de alegoria. Com isso em vista, o autor foca no exame de *Os fuzis*, para assim exibir o método de análise de Ismail.

O trabalho crítico de Ismail Xavier congrega a análise de obras de exceção e a investigação estética de longo alcance, lançando mão de referências que extrapolam as fronteiras tradicionais das disciplinas acadêmicas ao relacionar o debate do cinema com a teoria social, a psicanálise e as histórias do teatro e da arte. No entanto, a variedade de temas e objetos não significa de forma alguma erudição exibicionista ou ecletismo. A continuidade da obra de Ismail encadeia perspectivas que, desde os anos 1970, articulam um projeto intelectual de grande rigor e método, ao desenvolver pressupostos críticos específicos para a análise imanente das formas cinematográficas[2].

---

1 Meus agradecimentos a Olga Fernández pela leitura crítica e a Nicolau Bruno pelas sugestões bibliográficas.
2 Para estudos de caráter exegético sobre a obra de Ismail Xavier, ver o prefácio de Mateus Araújo, *Glauber Rocha et l'esthétique de la faim*, Paris: L'Harmattan, 2008, p. 216. Há também a síntese de Tales Ab'Saber, "Alegoria e cinema: a história e seus limites", em: *Novos Estudos Cebrap*, São Paulo: nov. 1993, n. 37, pp. 235-45. Sobre a trajetória do crítico, cf. Adilson Mendes (org.), *Ismail Xavier – Encontros*, Rio de Janeiro: Beco do Azougue, 2009.

Para enfrentar a dificuldade de fundir num único ensaio a vastidão do debate mobilizado pelo crítico, estas notas arriscam sugestões a partir de apenas um aspecto – é verdade que central – de sua obra: o cinema brasileiro moderno. Num mesmo movimento, procuram afirmar a capacidade que esse pensamento detém de impulsionar novos olhares sobre uma tradição, o que torna seu legado vivo, em constante relação de ajuste com as obras e condições de seu tempo. Diante do risco de se opinar sobre uma obra que avança a cada novo escrito, gostaria de pensar os textos de Ismail sobre o cinema moderno como partes de um todo que, na falta de termo mais apropriado, bem poderia ser chamado de a "teoria do cinema brasileiro moderno segundo Ismail Xavier".

Ao se concentrar em filmes-chave dos anos 1960 e 1970, o crítico perfaz a própria trajetória e a de sua geração para tentar fixar e explicar o momento histórico e suas formas, refazendo, às avessas, as estruturas alegóricas dos filmes, revolvendo-as num movimento de descrição e interpretação que analisa a particularidade de cada obra, ao mesmo tempo em que tece relações intertextuais entre os principais filmes do Cinema Novo e do Cinema Marginal.

Em momento decisivo de sua formulação, esse pensamento é retido na imagem que dele nos oferece Paulo Emílio Sales Gomes, então orientador de Ismail. Se a imagem é parcial e circunscrita a um momento preciso de formalidades acadêmicas, nem por isso deixa de nos oferecer uma entrada possível ao pensamento em questão. Diz Paulo Emílio sobre as aptidões do orientando:

> [...] a assimilação do que já existe escrito sobre um assunto, sempre complementado e enriquecido pela reflexão pessoal. Isto existe o tempo todo. Agora quando o terreno é brasileiro, essa complementação e esse enriquecimento adquirem uma vitalidade extraordinária, mesmo porque aí não há só reflexão mas pesquisa pessoal. Inclusive o estilo adquire uma eficácia frequentemente admirável[3].

---

3 A arguição de Paulo Emílio Sales Gomes está nos arquivos do crítico depositados na Cinemateca Brasileira (PE/PI. 0341). A dissertação de mestrado *À procura da essência do cinema: o caminho da* avant-garde *e as iniciações brasileiras* foi defendida por Ismail Xavier em 1977, tendo como orientador Paulo Emílio. Praticamente sem alterações, o trabalho foi publicado com o título *Sé-*

Passadas exatas quatro décadas, a "assimilação" e a "complementação original" apontadas por Paulo Emílio, ao terem se voltado para a matéria histórica brasileira, resultaram na obra crítica de maior envergadura sobre o cinema brasileiro moderno, constituindo novos campos para a análise crítica, a história do cinema e se ampliando para as artes brasileiras. Ismail Xavier criou uma maneira autêntica de criticar a tradição do alto modernismo cinematográfico, articulando a análise do material específico com a experiência histórico-social através da forma do ensaio que, por sua vez, manipula conceitos e penetra no objeto conforme avança na expressão particular de cada filme, em seus procedimentos e suas articulações na estrutura da obra.

De livro a livro, Ismail foi ampliando nossa compreensão das obras fundamentais do Cinema Novo e do Cinema Marginal. A atualização bibliográfica, em contato com a reflexão original da experiência brasileira, produz o estilo do crítico, ao se voltar para os diferentes aspectos suscitados por cada filme em análise. Ensaísta de grande alcance, como se verificaria mais tarde em *O olhar e a cena* (2003), Ismail desenvolveu instrumentos críticos para melhor expressar o impacto das obras. Seus ensaios, formas autônomas, permitem a interpretação de momentos fundamentais do encontro entre experiência cinematográfica brasileira e modernidade estética. Se, analisados em conjunto, os trabalhos de Ismail sobre o cinema moderno (*Sertão mar*, 1983, e *Alegorias do subdesenvolvimento*,

---

tima arte: um culto moderno, São Paulo: Perspectiva, 1978, e acaba de ser relançado pelas Edições Sesc. Para essa edição recente, o autor fez nova apresentação e atualizou o debate do cinema nas décadas de 1920 e 1930, confeccionando notas de rodapé apoiadas nos estudos recentes de cultura visual e da chamada "nova" história do cinema, exclusivamente na parte que se refere ao contexto europeu e norte-americano. Não deixa de ser sintomático que a segunda parte do livro, inteiramente dedicada ao Brasil, não receba o mesmo tratamento, constando apenas algumas raras notas e, ao final do livro, uma bibliografia cuja função é minimizar a evidente falta de renovação dos estudos que tratam do contexto nacional no que se refere ao cinema e às vanguardas artísticas das décadas de 1920 e 1930. Por fim, sobre *Limite*, mencionado rapidamente numa das raras novas notas sobre o contexto brasileiro, vale informar que o filme encontra-se hoje disponível graças ao trabalho da The Film Foundation, instituição dirigida por Martin Scorsese que, após *Limite* ter sido considerado patrimônio regional pela Unesco em 2012, realizou o restauro do filme em parceria com a Cineteca di Bologna e a Cinemateca Brasileira, instituição que, por sua vez, publicou a edição do filme em DVD, incluída no segundo número da *Revista da Cinemateca Brasileira*, distribuída gratuitamente na instituição desde 2013. A edição em DVD conta ainda com um depoimento histórico de Saulo Pereira de Mello, colhido e editado pelo cineasta Guilherme Fernández.

1993, mas também parte de *O olhar e a cena*, 2003, e o panorâmico *O cinema brasileiro moderno*, 2001, assim como ensaios dispersos, tais como "Os deuses e os mortos: maldição dos deuses ou maldição da história?", 1997, ou "Eldorado como inferno: Cinema Novo, pós-Cinema Novo e as apropriações do imaginário do Descobrimento", 1998) apresentam uma organicidade surpreendente, superando o formato fechado do livro ou do ensaio para se constituir como um pensamento que estende no tempo o desenvolvimento dos filmes, dando-lhes a configuração de um objeto com características e tensões próprias.

Com o golpe de 1964, os filmes internalizam a crise da história em suas formas, tornando congênita a má formação do país: no lugar de uma etapa, o subdesenvolvimento aparece como condição. Esse movimento vai da fome ao lixo, do Cinema Novo ao Cinema Marginal, passando pelo Tropicalismo. Um livro importante para o esclarecimento dessa concepção de caráter sistêmico do cinema brasileiro moderno, no qual clareza e profundidade se irmanam, é o pequeno (e por isso mesmo indicador de um movimento crítico) *O cinema brasileiro moderno*, sobretudo seu primeiro capítulo (concluído logo após *Alegorias do subdesenvolvimento*), em que se estabelecem as bases de uma "peculiar unidade", uma "constelação moderna".

De *Barravento* (1962) a *O anjo nasceu* (1969), de *Matou a família e foi ao cinema* (1969) a *Bang bang* (1971), Ismail constrói um arco em que se identificam dois polos (a teleologia da história e sua antiteleologia), marcados pela fratura do golpe de 1964, mas que só seria exposta em sua densidade a partir da alegoria de *Terra em transe* (1967). A análise de *O anjo nasceu* é decisiva para a "teoria do cinema brasileiro moderno segundo Ismail", pois o filme marca definitivamente a antiteleologia com seu estilo disjuntivo, que tende a separar o tempo do discurso e o tempo da ação, engendrando uma forma extremamente elaborada de tratar os descaminhos sem perspectiva da experiência nacional. Para o crítico, a partir da reposição da ruptura social, os filmes abandonam uma "alegoria da esperança" para afirmar uma "alegoria do desencanto".

A escolha da alegoria como categoria de análise é um bom exemplo desse movimento de Ismail destacado por Paulo Emílio, um movimento de absorção e superação que acompanha o crítico desde seus primeiros trabalhos. A leitura original de Walter Benjamin (e também do intelectual americano Angus Fletcher) fornece elementos para a elaboração de um verdadeiro "sistema de obras", em que a análise de cada unidade artística vai constituindo as partes de um conjunto bem situado historicamente. A opção pela alegoria tem a vantagem de fornecer as diretrizes para a exposição dos textos fílmicos, esclarecendo a opacidade de suas formas. Além disso, a interpretação da obra do filósofo alemão à luz de outro contexto nacional permite a definição de um conjunto de obras que interagem entre si, com cada particularidade assumindo suas formas de apreender a história e sua crise, ao mesmo tempo em que delineando passo a passo o espectro do cinema moderno em sua versão local. É a elaboração desse conjunto que faz as vezes de sistema em Ismail. Para o crítico, tal sistema cultural, cujo centro se localiza no Cinema Novo e no Cinema Marginal, se estende até a realização de *Cabra marcado para morrer* (1984), de Eduardo Coutinho, filme-síntese que encerra nossa constelação cinematográfica moderna.

A leitura dos estudos de Benjamin vai se mostrar muito efetiva, sobretudo se pensarmos na análise do *Trauerspiel* e, principalmente, os estudos sobre Baudelaire. A reabilitação do conceito de alegoria serve para a leitura dos filmes, revelando de maneira inédita a complexidade de *Terra em transe* (1967), por exemplo. A proximidade entre o tirano e o mártir no *Trauerspiel* alemão parece sugerir a leitura de Ismail do filme de Glauber Rocha, evidenciando a intrincada trama fragmentada, em que o centro da forma é a própria história, marcada por luto e melancolia. A simultaneidade, a espacialização e a acumulação de planos dramatúrgicos, elementos típicos da alegoria, vão permitir a leitura de filmes até então pouco analisados em suas estruturas, na medida em que a alegoria, segundo Benjamin, é convenção e expressão. O crítico se apropria também dos estudos de Benjamin sobre Baudelaire, em que o filósofo retoma o par alegoria-melancolia. As alegorias de Baudelaire lidas por Benjamin servem a Ismail na medida em que os procedimentos destrutivos do poeta fazem figurar os triunfos técnicos do capitalismo tardio e as promessas de revolução social.

No lugar da exegese do pensamento de Ismail, que teria grande importância para os estudos de cinema, o que se segue aqui neste exercício crítico busca expor em ato, no corpo a corpo com um filme, o alcance do trabalho do crítico em contato com uma obra fundamental. Neste caso, uma obra sobre a qual Ismail esboçou comentários iluminadores, mas não se debruçou em *close reading*. Minha aposta é analisar o filme *Os fuzis* tendo a "teoria do cinema brasileiro moderno de Ismail Xavier" como motivação intelectual maior para propor um enquadramento novo, localizando a particularidade do filme na constelação delineada pelo crítico. *Os fuzis* (1964) é tomado aqui como obra-chave do Cinema Novo ao apontar para o aprofundamento das pesquisas estéticas que só se consolidariam no Cinema Marginal.

Tomo como ponto de partida o tipo de crítica imanente desenvolvido por Ismail, buscando destacar elementos que fazem de *Os fuzis*, a meu ver, a obra máxima do cinema brasileiro moderno, ao avançar em procedimentos artísticos, adiantar questões ideológicas e conter elementos de estilo que só serão mais bem definidos a partir de 1967 quando, na expressão de Ismail, a "teleologia" dá lugar à "crise da história". O entre-lugar de *Os fuzis* o torna um filme-charneira que nos ajuda a repensar a experiência do cinema brasileiro moderno a partir do impulso do trabalho de Ismail, o que reforça sua capacidade de desdobramento e renovação.

Alegoria realista

Os fuzis começa sob o signo de um sol negro e a imprecação lancinante do beato, que fala em grande castigo, danação, abandono, clamor e milagre via resignação e fé no boi santo. O sol que surge em céu sombrio se avoluma conforme avança o discurso vociferado da religião popular. A intensidade da luz solar em céu escuro se torna um dado gráfico, e conforme o discurso em *off* do pregador menciona a mediação divina realizada pelo boi santo, o foco avança para o sol e faz a luz se intensificar até tomar a tela por completo. O ofuscamento marca a passagem do espaço celeste para o terreno, em que o boi concentra cada vez mais a incidência de luz solar sobre seu grande corpo branco.

Apesar da paisagem adversa à vida, reforçada pelas imagens ásperas do lagarto e do urubu que estrebucha, a figura do boi guarda relativa vitalidade e exuberância, merecendo planos cada vez mais aproximados, até que um longo e lento *travelling* destaca em plano aproximado a vegetação ressequida da caatinga (xique-xique, croatás e mandacarus), enquanto o pregador fala no castigo divino do dilúvio. A vegetação em plano muito aproximado, que tem a luz solar ao fundo, cria um espaço indistinto, no qual as formas orgânicas engendram imagens abstratas que acompanham o movimento da câmera, que enfoca e desfoca galhos e raízes para, finalmente, se fixar na figura do boi, quando a voz em *off* do beato menciona a escolha de um "simples animal" como portador divino. Nesse momento, a música de Moacir Santos – inspirada na tradição religiosa popular – passa a dividir a trilha com o discurso do beato e, num crescendo, adiciona um elemento de estranhamento que recusa a mera ilustração das imagens ou do discurso religioso. Com a trilha inflacionada, o boi caminha e a voz em *off* do beato conclui sua prédica dilacerada. Diante do plano do boi a caminhar lentamente, que se afasta da câmera fixa, o arranjo de Moacir Santos se funde com a reza popular que irrompe, e um corte seco introduz a tela inteiramente branca, que faz evocar a luz intensa da ordem celestial. Sobre esse fundo de luminância extrema, surgem em preto os letreiros de Ziraldo com tipografia de matriz construtivista, apresentando os atores e a equipe técnica, terminando com o crédito do diretor. A trilha sonora – que já mesclava os arranjos jazzísticos com a reza popular coletiva – agora inclui um ruído metálico estridente que, em seguida, reconheceremos ser produzido pelo manuseio da lata por uma velha cega. A sofisticação sonora do filme foi destacada pela crítica da época[4].

Essa abertura já evidencia um realismo muito particular, em que a experiência social permanece como referência, mas de maneira nada convencional, como se percebe na justaposição de dados ficcionais com elementos de conotação altamente alegórica, profundamente marcados pela perspectiva obscura da história do país, definida por episódios de morte súbita das possibilidades de transfor-

---

4 Vale lembrar que Ruy Guerra é um precursor do uso do plano-sequência no cinema brasileiro moderno. *Os cafajestes* (1962) ajusta o procedimento recorrente no cinema europeu aos propósitos realistas do Cinema Novo. O certo é que o procedimento "[...] marcou encontro com formas de teatro e de presença diante da câmera, que tanto podiam confirmar a 'vocação realista' proclamada por André Bazin, quanto podiam instalar uma franca ruptura com o ilusionismo. O que os filmes citados, entre outros, colocaram em pauta foi uma estrutura em que o plano-sequência ensejou uma teatralização que sugeria a dimensão alegórica do que se via e ouvia, ao mesmo tempo que se articulava com estilos opostos: da composição calculada tendente ao geométrico aos transbordamentos de uma tendência expressiva de rédea solta". Em: Ismail Xavier, *Alegorias do subdesenvolvimento: Cinema Novo, Tropicalismo, Cinema Marginal*, São Paulo: Cosac Naify, 2015, p. 311.

mação. A imagem do sol negro, que remete a Baudelaire e Nerval, comparece como figura do luto e da melancolia, tornando evidente a catástrofe, o momento de regressão e destruição[5].

A força de Os fuzis consiste sobretudo na maneira como sua narrativa articula em diferentes modulações o tema do fim prematuro, da interrupção que repõe um estado das coisas, do estancamento de um processo. Enquanto na "ordem" ficcional o desfecho trágico sem consequências para a transformação do processo histórico é construído aos sobressaltos ao longo do filme, na instância do sagrado, o tema do fim aparece como apocalipse, "o tempo da poda" vociferado pelo beato, que marca um estado de resignação diante dos castigos divinos. A figura do beato, fortemente inspirada no sombrio retrato do Conselheiro feito por Euclides da Cunha, reforça o sol negro do qual estamos tratando.

O tema da destruição, do trauma, do fim, da morte prematura de um processo social atravessa o filme, na esfera do sagrado e no mundo histórico, fornecendo elementos para a interpretação de um estilo elíptico que conjuga sentimento de historicidade com reflexão original sobre a tradição cultural e suas formas contraditórias de rearranjo do simbólico. Em Os fuzis não encontramos mais a representação do povo como manancial da nacionalidade, com aspectos exóticos e patrióticos. É por isso que, apesar do realismo de forte significação épica, o filme não esconde seus aspectos alegóricos. O fim de Canudos, o fim do boi, o presente de iniquidades do Nordeste, fazem ecoar o fim do Gaúcho, repondo um mundo estático de punição e resignação diante do destino (como interrupção) a se repetir. No lugar da construção de um microcosmo autossuficiente, o drama de Os fuzis não se coloca como absoluto, ao contrário, trata em sua estrutura de elementos heterogêneos (documentais e ficcionais) que, em fricção uns com os outros, promovem a potência do filme. Em sua recusa radical do naturalismo,

---

5   O sol negro torna-se um emblema do cinema marginal. Ele encerra o filme O Bandido da Luz Vermelha (1968), de Rogério Sganzerla, assim como se torna imagem-fetiche em O vampiro da cinemateca (1977), de Jairo Ferreira. O tema do sol negro da melancolia é muito forte em As flores do mal (1857), de Baudelaire, que nunca escondeu sua referência a Nerval (El desdichado – 1854). Vf. o clássico estudo F. Saxl, E. Panofsky, R. Klibansky, Saturn and Melancholy, Nova York: Thomas Nelson & Sons, 1964. Assim como: Julia Kristeva, Le Soleil noir: dépression et la mélancolie, Paris: Gallimard, 1987; Robert Kopp, Baudelaire: le Soleil noir de la modernité, Paris: Gallimard, 2004.

Ruy Guerra busca, na linguagem da alegoria, os emblemas da antiteleologia da história, que se dá no presente imediato do filme com o golpe de 1964, fazendo reverberar outros momentos históricos de gangrena social, que a montagem ordena como repetição do dado da ficção. A barbárie "civilizada" dos soldados na cidade miserável encontra refluxo na barbárie do Exército sob o comando do general Bittencourt, o grande assassino de Canudos citado no filme por uma testemunha do massacre. O presente reiterativo parece selar uma condição de atraso que interliga a modernização de caráter conservador ao esgarçamento completo do drama, que alcança sua última etapa na forma épica, no embate entre o "drama" dos soldados e os registros de caráter documental, cujos conteúdos de verdade atestam o convívio de "ordens do tempo" diferentes. Elemento perturbador para o drama, esses registros documentais, importa ressaltar, aparecem já no início do filme, posto como território em que se vai caminhar, e não como dado que se infiltra posteriormente. Esses depoimentos de populares em registro de cinema direto merecem ser mais bem analisados e dimensionados na estrutura do filme.

Documentos da barbárie

Por meio de uma fusão de imagens, a tela branca que faz fundo para os letreiros dá lugar à procissão de beatas que cercam e acompanham o boi santo que se afasta em profundidade de campo. Um último letreiro surge para informar local e data: Nordeste 1963. A câmera permanece fixa enquanto a procissão se afasta. Ouve-se o depoimento de um devoto do boi santo, enquanto, num corte seco, novo grupo humano surge para acompanhar a procissão. O corte para um velho cego também capta mulheres e crianças que se protegem da luz solar no alpendre do casebre. Em sutil movimento, a câmera se desloca para o interlocutor do velho cego – um retirante –, que recebe um punhado de farinha e água. Em seguida, o retirante manifesta a necessidade de trabalho, ao que o velho retruca: "O único serviço que existe por toda essa região é rezar". Sem alternativa, o homem pergunta pelo boi santo. Uma criança sai do alpendre e avança correndo pelo quintal completamente dominado pela luz solar, cuja intensidade absoluta impede a visão.

Um corte seco nos leva para a boleia do caminhão que traz os soldados. A luz solar diminui de intensidade e o movimento discreto e sem cortes da câmera na mão capta cada fisionomia. O caminhão em movimento, sua energia própria redefine uma relação diferente com um mundo mais vasto.

Os soldados ridicularizam o desempenho romântico de Mário, que manifesta certo constrangimento diante da voracidade de macho dos colegas. Novo corte seco traz a caatinga, onde a luz do sol retoma sua intensidade. Vê-se uma família de retirantes que busca no umbuzeiro a água escondida na raiz. Com gestos precisos, outro retirante corta o tubérculo e o experimenta, sugando-lhe a água retida. A voz em *off* do beato grita os pecados dos homens e conclama à resignação diante das provações divinas e das tentações terrenas. Corte para um menino que observa pela janela, enquanto se ouve a voz do Gaúcho, cujo recuo da câmera em plano longo e aproximado exibe sua figura, que revela um estratagema para superar as agruras da estrada, ludibriando retirantes com o uso do caminhão como "pau de arara". O mau caráter do Gaúcho encontra a cumplicidade do colega caminhoneiro que conduz um Chevrolet.

Novo corte para cruz encravada na terra. Retirante debruçado sobre túmulo permanece concentrado, enquanto pessoas ao fundo continuam sua caminhada pela estrada com perspectiva rarefeita, sempre opaca pela intensidade da luz solar. A voz em *off* do beato continua sua imprecação, cujo caráter exasperado supera o mero sentido da prece, imprimindo-lhe um tom dilacerado e violento. Plano fixo das mãos da velha cega que produz o ruído já presente no princípio do filme. A imagem das mãos que friccionam como instrumento a lata da marmelada Peixe. A velha narra como ficou cega no esforço em vão de salvar dois bisnetos do incêndio de uma casa de palha.

O som estridente da lata faz a passagem para o plano interno da janela onde uma moça observa a chegada dos soldados armados com fuzis. Sucessivos planos alternados mostram populares que olham a chegada deles, suas armas e fisionomias. O ruído da lata marca a cadência da entrada dos soldados na cidade. Na expressão facial de cada soldado, o gesto apreensivo. O ruído do manuseio da lata dá lugar à voz em *off* de um camponês que fala em 1.200 soldados armados que promoverão uma luta terrível. Um procedimento de recuo da câmera

– raro em *Os fuzis* e cheio de consequências para a conclusão do filme quando o plano for retomado –, gradativamente se distancia do depoente, que segue narrando a carnificina de Canudos sem uma referência explícita ao fato histórico. O rosto desfigurado e o tom de sua narrativa sanguinária fixam uma imagem da catástrofe. A voz dessa testemunha da destruição permanece enquanto crianças correm para oferecer ao Gaúcho os cartuchos usados que encontraram. Por meio de um *faux raccord*, outro grupo de crianças conduz os soldados até o armazém de Vicente Ferreira. Enquanto os soldados repousam, Mário nota Luísa, que lhe devolve o olhar. Corte para o espaço de Vicente Ferreira, o vereador local e dono do armazém, que narra o perigo iminente gerado pela fome. O tom didático do proprietário descreve bem a situação de corrupção generalizada (donos da terra e políticos) e informa sobre o sentido do drama a ser desenvolvido: a presença dos soldados visa garantir a propriedade por meio da violência. Assim se conclui a grande abertura do filme.

Todos os materiais que constituem a estrutura de *Os fuzis* foram expostos: os depoimentos do presente perverso de fome e seca, a fala exasperada da religião popular que se soma ao canto popular fúnebre, o depoimento do camponês desfigurado que rememora Canudos, o engenhoso trabalho com as sonoridades que compõe a montagem do filme, a ficção dos soldados e sua função dramática execrável de manutenção de uma ordem iníqua e, por último, a figura do Gaúcho, cujo caráter duvidoso, misto de desprezo e compaixão pelos populares, prenuncia a figura de Paulo Martins, o poeta/político de *Terra em transe*.

A mescla do dado ficcional com planos de caráter documental, influência do cinema direto que se firmava no princípio da década de 1960, evidencia uma elaborada trama, em que a justaposição dos registros (documental e ficcional) surge mais como complementaridade e não como oposição. Muita tinta já foi gasta para tratar da relação particular do cinema moderno com o factual, o elemento que presentifica a situação e se funde à trama narrativa, abalando-a. Ademais, vale lembrar o quanto tal procedimento é tributário das vanguardas históricas e seu objetivo claro de romper com as convenções dramáticas, especialmente no contexto da vanguarda soviética[6]. O interesse pelo documentário

---

6   Para uma análise conceitual do contexto soviético, vf. François Albera, *Eisenstein e o construtivismo russo*, São Paulo: Cosac Naify, 2002. Sobre o debate da factografia no contexto soviético, vf. "O (grupo) LEF e o cinema, em: *Crítica Marxista*", n. 40, 2015.

que buscava negar o aspecto "artístico" do filme, em *Os fuzis* se converte em colagem e associação. Os materiais de caráter documental dos depoimentos da população local abalam a ficção dos soldados que centraliza a representação, ao mesmo tempo em que a complementam com sentidos precisos para afirmar uma antiteleologia. Em *Os fuzis*, como em *A linha geral* (1929), de Eisenstein, a factografia se alia ao cinema intelectual.

Um bom exemplo da conexão alcançada – em vez da separação entre os diferentes tipos de registros de imagem, é a aparição do Gaúcho que, seguida da imagem de uma cruz em um túmulo infantil, faz avançar o tema da morte prematura. A presença infantil em *Os fuzis* está diretamente ligada à figura do Gaúcho, pois são as crianças que lhe recolhem os vestígios da violência, são elas que, na sucessão de imagens, o relacionam aos soldados que chegam. A ligação entre o tema do infanticídio e o processo social reitera a imagem de um presente privado de sucessão, e nesse sentido faz lembrar a análise de Roman Jakobson da poesia de Maiakóvski[7].

As cenas de ficção, embora tenham sucessão linear, são justapostas às unidades de caráter documental, o que abala a continuidade espaçotemporal. O uso particular do plano longo, sem cortes, quando em ambientes interiores, desestabiliza o espectador espacialmente. Tal recurso reforça ainda mais o aspecto lacunar do filme que, em sua recusa radical da transparência, dá sequência a uma ficção truncada tanto pela sucessão de elipses como pelos atravessamentos documentais que anunciam o desfecho da narrativa, como se o prefigurassem, aprisionando o presente e fornecendo a ele seu sentido de travamento, de recusa da superação de uma ordem de coisa.

---

7 vf. Roman Jakobson, *A geração que esbanjou seus poetas*, São Paulo: Cosac Naify, 2006.

Homens e fuzis

Até aqui, minha descrição buscou destacar elementos pouco evidenciados pela fortuna crítica de *Os fuzis*. Como mostra Ismail Xavier ao longo de sua obra, a atenção concentrada ao texto fílmico permite expor os materiais e a estruturação de seu estilo. Agora que avanço na interpretação propriamente dita, é hora de trazer a referência do texto decisivo de Roberto Schwarz, quem melhor apreendeu o filme de Ruy Guerra no calor da hora, inequivocamente o único crítico a reconhecer em profundidade o impacto de *Os fuzis*, que de resto não agradou à crítica especializada da época e à que se seguiu à realização do filme. Não sendo um cinéfilo, é muito provável que Schwarz tenha visto e analisado a versão do produtor – lançada em 1965 –, o que de maneira alguma faz expirar a validade de sua apreciação do filme, mesmo se os 22 minutos a mais da versão do cineasta trazem aspectos que complexificam ainda mais a leitura da obra. Em sua análise, o crítico literário demonstra o dispositivo elaborado pelo filme, que o singulariza completamente e o destaca das outras obras do período. Obra-prima do cinema brasileiro moderno, *Os fuzis* é, para Schwarz, um filme radical em sua reflexividade, por tratar o problema da fome no Nordeste sem envolvimento sentimental, mostrando-a com distanciamento e evidenciando o papel da civilização (aí incluído o espectador) para sua manutenção. Realiza assim, de maneira exemplar, os princípios de uma obra de vanguarda, voltada simultaneamente para a desautomatização de seu espectador, a politização da arte e o ataque à instituição cinematográfica (os aspectos ideológicos do dispositivo técnico)[8].

---

8   É preciso levar em conta o texto seminal de Roberto Schwarz, "O cinema e Os fuzis", *Revista Civilização Brasileira*, n. 9/10, 1966, que tratou em profundidade o alcance do dispositivo criado pelo filme, ao colocar em questão o próprio cinema e seu espectador, construindo, de maneira paradigmática, um tipo de proposta artística de grande significado para a arte brasileira. Um filme em que a "[...] estrutura política traduziu-se em estrutura artística". Vale notar que o achado crítico de Schwarz faz parte de um conjunto de reflexões que o orientam para a formulação de seu *Um mestre na periferia do capitalismo*, décadas mais tarde. Com certeza a experiência de *Os fuzis* tem prolongamentos para quem buscava estender uma estética histórica, na linha de Hegel, Lukács, Adorno, capaz de pensar a obra de Machado de Assis como "dispositivo literário [que] capta e dramatiza a estrutura do país, transformada em regra da escrita". A relação entre a crítica ao filme e o livro sobre Machado (que terá desdobramentos com um estudo particular) pode ser reforçada a partir da observação do próprio crítico literário: "A possível correspondência entre o estilo machadiano e as particularidades da sociedade brasileira, escravista e burguesa ao mesmo tempo, me ocorreu pouco antes de 1964. A ideia traz as preocupações dialéticas daquele período, às quais se acrescentou o contravapor do período seguinte". Vf. R. Schwarz, *Um mestre na periferia do capitalismo: Machado de Assis*, São Paulo: Duas Cidades/Editora 34, 2000.

Como bem notou Schwarz, o processo social é internalizado na forma do filme, criando um descentramento da ação ficcional diante do drama social dos miseráveis. Descentramento tornado evidente nas sequências em que a câmera na mão abandona o foco narrativo para se deter em suas bordas, em texturas de paredes, telhados e na vegetação ressequida, que anunciam o inorgânico: na sequência da morte do caboclo, a vegetação recebe tratamento próximo da sequência final, marcada pela morte do Gaúcho. Produz-se assim um fluir indiferente do tempo que tende a diminuir a concentração na ação dramática, criando um tempo próprio no filme, em que a lentidão do tempo local é de natureza diversa se comparada ao tempo dos soldados e das personagens "citadinas" (Vicente Ferreira e sua filha Luísa). O tempo da rotina e da espera dos soldados, que culmina no tempo escatológico do combate e da morte, se cruza com outras escalas do tempo social.

Como é possível notar na última parte do filme, a escala temporal (tempo de espera/tempo de combate) dos soldados impregna completamente o filme, que se dilata no fluxo lento da expectativa do combate (lentidão que faz vir à tona a barbárie, o tédio, os dramas individuais de Mário e do Gaúcho). As manifestações da religião popular (o boi santo e a procissão de São José) são mostradas com objetividade. A junção dos materiais documentais com a intriga que envolve os soldados mobiliza procedimentos inéditos no cinema brasileiro, evidenciando o estágio de subdesenvolvimento das ordens.

Longe de criar um desdobramento da revolta do Gaúcho na população local, o filme expõe a descontinuidade que reitera um processo histórico. O "suicídio revolucionário" do Gaúcho reforça ainda mais o paralelo com Paulo Martins. O filme toma o arcaísmo da sociedade brasileira não como aspecto a ser combatido por meio de uma visão progressista, pelo contrário, sua força reside justamente na maneira como trata o atraso como parte integrante da reprodução da sociedade moderna. É notável a maneira como o filme articula os materiais da cultura tradicional (a música e iconografia sacra popular, os depoimentos sobre Canudos), problematizando uma modernização de caráter conservador (as armas e os caminhões, assim como outros emblemas de uma modernização periférica: cartazes estropiados do cigarro da época, Hollywood, e da bebida tropical, run Montilla, a lata da goiabada Peixe, a cachaça Enérgica), sem deixar de converter os recursos do cinema de gênero em procedimentos de vanguarda, levando a questão da reflexividade a níveis ainda inexplorados no cinema brasileiro.

Motivado pelo trabalho de Ismail Xavier sobre o cinema brasileiro moderno, busquei descrever e arriscar uma análise da estrutura interna do filme – mesmo se nessa tentativa há o claro descompasso em relação à prosa do crítico atualizada com a opacidade das teorias contemporâneas do cinema e minha descrição de superfície.

O Cinema Novo do início dos anos 1960 é frequentemente reduzido ao espectro ideológico do nacional-popular, que se mistura ao próprio espectro da esquerda política. Essa visão tende a simplificar as obras em nome de um esquema que as generaliza para criar uma aderência imediata entre os filmes e a época. Minha leitura parcial – a ser desdobrada em outro ensaio – buscou evidenciar que tal esquema não tem validade para a leitura de *Os fuzis*, um filme marcado pelo desencanto e a experimentação, que antecipa questões que serão desenvolvidas em seguida.

as formas do transe: a análise fílmica de Ismail Xavier como sismógrafo histórico

Leandro Rocha Saraiva

Pelo modo como analisa a alegoria na obra de Glauber Rocha, numa dialética entre fragmentação e totalização na perspectiva dos eventos históricos, Ismail Xavier consolida e projeta os estudos cinematográficos do país. O artigo examina a profundidade da interpretação alcançada e também a riqueza do instrumental analítico desenvolvido.

A análise de *Terra em transe* (1967), de Glauber Rocha, que abre e fornece parâmetros para a série comparativa que compõe o livro *Alegorias do subdesenvolvimento: Cinema Novo, Tropicalismo e Cinema Marginal* (1993), de Ismail Xavier, é um momento decisivo da interpretação crítica do cinema moderno brasileiro. Nesse seu capítulo inicial, o livro flagra e aprofunda a leitura de uma virada fundamental dentro da trajetória de Glauber Rocha e, mais amplamente, na arte moderna engajada no projeto de base nacional-popular dos anos 1960.

O capítulo anterior desse trabalho, *Sertão mar: Glauber Rocha e a estética da fome*, foi escrito no início dos anos 1980, dentro do contexto do balanço do projeto nacional-popular dos anos 1960, de influência do PCB, então criticado sob a perspectiva dos novos movimentos de esquerda, que resultariam na formação do PT[1]. Em seu livro, Ismail enfrenta a questão com as armas da análise imanente, especificando-a pela atenção às filigranas da composição estética das obras, em suas transformações internas, e na comparação com os arranjos formais dos filmes. Pelo cotejo – procedimento recorrente no seu método comparativo – entre os dois primeiros longas de Glauber (*Barravento*, de 1962, e *Deus e o diabo na terra do sol*, de 1964) com dois filmes seus contemporâneos, de forma clássica e temáticas semelhantes (*O pagador de promessas*, de 1962, de Anselmo Duarte, e *O cangaceiro*, de 1953, de Lima Barreto), o crítico caracteriza o primeiro estilo glauberiano, sua estética da fome em ato, em seu impulso (já nesse primeiro momento de sua obra) de alegoria barroca, de incorporação proliferante de referências, composta através da tensão entre o fragmento, o gesto de ruptura criativa a cada plano, e o horizonte de totalização histórica, na diegese e na articulação da montagem de um mundo ficcional fechado – a praia de Buraquinho e o sertão como palcos da nação em processo de libertação revolucionária.

Fica claro, conforme se avança na leitura, que o olhar é guiado por uma "síntese original de conhecimentos dispersos a respeito do Brasil"[2], como diz Schwarz a respeito de Antonio Candido. Mas isso só se revela em função da análise: vale o que se consegue ver na tela, nunca como ilustração de formulações extrafílmicas.

Assim, a visão da síntese glauberiana – em *Deus e o diabo*, sobretudo –, entre o horizonte das experiências populares (o messianismo e o cangaço) e uma filosofia da história orientada por uma teleologia de libertação nacional (numa versão revolucionária da mitologia cristã da salvação), se faz por meio do esmiuçamen-

---

1   A série de seminários "O nacional e o popular", parceria entre a Funarte e a USP, que resultou em seis livros sobre diversas áreas da cultura, publicados pela Brasiliense, entre 1982 e 1983, constituem o grande marco dessa discussão. Para uma revisão do contexto histórico e político, cf. Marcos Napolitano, *Coração civil: arte, resistência e lutas culturais durante o regime militar brasileiro (1964-1980)*. Tese de livre-docência – FFLCH-USP, São Paulo: 2011, capítulo 8 ("A nova esquerda dos anos 1970 e a implosão do frentismo cultural").
2   Roberto Schwarz, "Pressupostos, salvo engano, de 'Dialética da malandragem'", em: *Que horas são?*, São Paulo: Companhia das Letras, 1987.

to das invenções cinematográficas: o uso do cordel como voz narrativa, a "dialética da rarefação-condensação" do tempo, no estilo pulsátil da montagem, ou a variação do trabalho de câmera, do céu-terra que enquadra Sebastião às panorâmicas terra-terra da narração de Corisco.

A interpretação dessa visão histórica do primeiro Glauber se faz, então, por meio de uma caracterização estilística de seu "barroquismo", do modo formalmente tenso como essas justaposições de visões da história são feitas, como solução artística para o problema político da relação entre o "povo" como sujeito, e a "nação" como destino, em movimentos contraditórios, de adesão e crítica às formas de consciência popular.

Ismail mostra de que maneira em *Deus e o diabo* os fragmentos se organizam segundo uma lógica (e uma montagem) totalizante, profético-revolucionária, sem, entretanto, que se apague o fragmento. O gesto do artista moderno se deixa ver, sem se esconder numa inteireza orgânica da obra: uma estética da fome, violenta em sua desconstrução da linguagem cinematográfica clássica. Ismail chama de "alegoria da esperança" essa obra que, entre o fragmento e a totalidade, constrói sua síntese nacional-popular.

Nas últimas páginas de *Sertão mar*, Ismail anuncia o desdobramento desse seu trabalho de análise da obra do mais importante dos cineastas modernos brasileiros. Adianta as linhas gerais de sua leitura de *Terra em transe*:

> Depois de 1964, o cinema de Glauber responderá à crise do projeto com *Terra em transe*, filme que constitui a manifestação mais exacerbada do impulso glauberiano de totalização [...] o eixo da reflexão se desloca [...] a mesma sobreposição de lógicas em princípio incompatíveis vai ocorrer em meio a uma avalanche de gestos e falas, o ritmo deixando o espectador sem fôlego [...] prevalece a sucessão de choques [...] a própria enunciação traz a marca do dilaceramento [...] o eixo das oscilações entre adesão e crítica [...] é uma personagem com que os interlocutores primeiros de *Terra em transe* tem tudo a ver, o que não ocorre no caso dos dois primeiros filmes. [...] Se não faltam lances didáticos, próprios à pedagogia presente desde *Barravento*, a totalidade maior do relato é a de uma

alegoria do desencanto; o *télos* salvacional, presente e problemático em *Deus e o diabo*, é substituído por uma consciência abismal de fracasso. Enquanto Paulo Martins condensa na sua agonia a experiência limite de um período, o filme repõe o debate sobre o nacional-popular – quem é o povo no Brasil? qual o seu lugar na política? – desmontando o teatro populista[3].

Terra em transe é amplamente reconhecido como um marco fundamental para a formulação do Tropicalismo como resposta à crise cultural e política provocada pelo golpe de 1964. A conexão entre *Sertão mar* e *Alegorias do subdesenvolvimento* é feita pela identificação do ponto crucial, o nervo exposto (pelo filme de Glauber) daquele momento decisivo: o debate sobre o projeto nacional-popular e a crítica ao que Ismail chama, já indicando o caminho estético que vislumbra no filme de 1967, de "desmonte do teatro populista".

Pouco depois da publicação de *Alegorias*, em *Verdade tropical*, Caetano Veloso detalhou seu reconhecimento a *Terra em transe* como detonador da virada tropicalista, dizendo que o filme o ajudou a perceber o que, com o tempo, passaria a chamar de "morte do populismo": "[...] quando o poeta de *Terra em transe* decretou a falência da crença nas energias libertadoras do 'povo', eu, na plateia, vi, não o fim das possibilidades, mas o anúncio de novas tarefas para mim"[4].

Os livros têm datas próximas – o de Caetano é de 1997 –, o que não parece coincidência. Como Ismail indica na apresentação da edição original de *Alegorias*, com os "prognósticos sombrios de uma radicalização da condição periférica dos países da América Latina, enredados na dívida externa e na estagnação [...] reaviva-se [...] o que havia de apocalíptico, de desconfiança, face aos termos da modernização brasileira"[5].

---

3 Ismail Xavier, *Sertão mar: Glauber Rocha e a estética da fome*, São Paulo: Cosac Naify, 2007, pp. 194-6.
4 Caetano Veloso, *Verdade tropical*, São Paulo: Companhia das Letras, 1997, pp. 105 e 116.
5 Ismail Xavier, *Alegorias do subdesenvolvimento: Cinema Novo, Tropicalismo, Cinema Marginal*, São Paulo: Brasiliense, 1993.

Na apresentação de *Alegorias*, Ismail retoma e amplia o fio da meada anunciado na conclusão de *Sertão mar*. Ele põe agora a busca de respostas cinematográficas ao golpe militar numa perspectiva histórica e culturalmente mais ampla. Contra a modernização conservadora, que se afirmara com os militares, emergia a difícil, intensa, e tremendamente criativa elaboração crítica da derrota do projeto de superação do subdesenvolvimento por via "popular". Nesse contexto, Ismail identificava que "o melhor do cinema brasileiro recusou [...] a falsa inteireza e assumiu a tarefa incômoda de internalizar a crise" e, acompanhando essa postura negativa das obras, afirmava sua posição de uma "análise em que o dado formal é tomado como um caminho na direção do político"[6].

Com a clareza democrática que é marca de seu trabalho, Ismail explicita as referências conceituais da armação do projeto do livro. O sabor benjaminiano da frase-síntese sobre a "recusa da inteireza" combina-se com uma ampliação do leque das possibilidades alegóricas, de modo a aprofundar e especificar a oposição entre a "alegoria da esperança" do primeiro cinema de Glauber, na qual o lado pedagógico tinha mais peso, e maior fragmentação da "alegoria do desengano", vislumbrada em *Terra em transe*.

Ele lança mão da reflexão mais formal e universalista de Angus Fletcher, que analisa o uso de recursos da descontinuidade, justaposição e esquematização em obras de diversos períodos, quadro dentro da qual a alegoria tipicamente moderna é o capítulo mais recente. "Uma caracterização formal da alegoria apta a dar conta de suas metamorfoses ao longo do tempo"[7], diz o autor, que desloca esse instrumento de análise para o período, concentrado e decisivo, que lhe interessa: a crise dos anos 1967-70, de busca de novos caminhos dos cinemanovistas e de confronto radical, no caso do Cinema Marginal.

Completando o quadro, Ismail faz ainda referência ao contexto internacional, marcado pela arte pop e seu borramento de fronteiras entre a alta cultura e a cultura popular, em suas vertentes de maior ou menor politização (a europeia e a norte-americana). A questão estava na ordem do dia, e o Tropicalismo respon-

---

6   *Ibidem*, p. 10
7   *Ibidem*, p. 15

deria a ela com uma releitura da antropofagia, num lance crucial das relações entre a arte brasileira dos anos 1960 com o modernismo de 1922. Entretanto, o jogo de apropriação e criação, a partir de conteúdos internacionais, já àquela altura, se fazia em ambiente bem mais tenso do que no modernismo. E mesmo – revelava-se de modo súbito – mais complicado do que na então muito recente proposta da estética da fome. Como analisado em *Sertão mar*, ainda que *Deus e o diabo* lançasse mão, por exemplo, do *western*, o fazia como gesto iconoclasta, com a metáfora – ou esperança – da revolução aplicada à ruptura formal com a linguagem cinematográfica hegemônica.

Ao mesmo tempo em que alerta sobre os descaminhos, nos anos posteriores aos da emergência do Tropicalismo, das incorporações paródicas, em seu risco da celebração do "mau gosto" como "caráter nacional", Ismail saúda a potência crítica do

> [...] programa intertextual com aquele sentido de ruptura que lhe deu a Tropicália, tendo como focos, simultaneamente, a questão nacional e a questão de uma estética dos meios [...] o resultado [...] escandalizou um nacionalismo cioso de purismos [...] numa experiência limite de perda de inocência diante da indústria cultural, diante do Brasil moderno e conservador[8].

Se o Tropicalismo solapava o ufanismo da modernização conservadora e *kitsch*, não poupava também "os rituais do humanismo nacional-popular"[9], como diz Ismail com contundência, flagrando o passo em falso das teleologias em disputa, postas em cena, letra e música pela arte que fez da crise não só sua matéria-prima, mas também sua forma.

Referenciado pela reconstrução desse panorama, define-se o percurso de *Alegorias*: uma primeira parte dedicada a *Terra em transe* e *O Bandido da Luz Vermelha* (1968), filmes nos quais Ismail flagra a já referida crise da teleologia da história nacional-popular, na forma agônica de Glauber e na resposta paródica

---

8   *Ibidem*, pp. 20-1.
9   *Ibidem*, p. 17.

da ironia de Sganzerla, já francamente tropicalista. Depois, um segundo bloco, nos quais as esquematizações alegóricas mantêm uma legibilidade pedagógica, com a crise sendo trabalhada no nível de representação da identidade nacional – *Brasil ano 2000, Macunaíma* e *O dragão da maldade contra o santo guerreiro* (todos de 1969) – e, por fim, já parte de mergulho no inferno da repressão violenta pós-AI-5, os filmes de uma negatividade radical, com uma antiteleologia que atinge a própria representação – *Matou a família e foi ao cinema, O anjo nasceu* e *Bang bang* (os dois primeiros de 1969 e o último de 1971).

Ismail resume seu projeto dizendo que "essa divisão em três partes procura levar em conta a mudança que ocorre na própria acepção do alegórico, em termos de dialética entre fragmentação (que problematiza o sentido) e totalização (que quer afirmá-lo plenamente)"[10]. O retorno do par fragmentação x totalização, presente em *Sertão mar*, aponta para o ponto de virada crucial, entre *Deus e o diabo* e *Terra em transe*. Ainda na densa introdução do novo livro, o autor adianta algo da interpretação que desenvolve a partir da conclusão do trabalho anterior:

> O movimento em direção à Tropicália envolve a elaboração de uma crítica acerba ao populismo anterior a 64, o político e o estético-pedagógico; crítica articulada a uma auto-análise do intelectual em sua representação da experiência da derrota. *Terra em transe*, sem dúvida, se põe neste processo como ponto de condensação maior. [...] Ele não tem a verve paródica que veremos eclodir no Tropicalismo nem está especialmente voltado para a representação do universo do consumo. No entanto, na medida em que opera uma decisiva internalização da crise, ele ressalta a dimensão grotesca de um momento histórico e permeia a discussão política com a exibição agressiva do *kitsch* [...]. Sua imagem infernal da elite do país abre espaço para o inventário irônico das regressões míticas da direita conservadora. E sua imagem do povo é resposta exasperada às perguntas clássicas: o que determinou o fracasso da luta pelas reformas? O que na formação cultural da grande maioria engendrou a apatia diante do golpe de Estado?[11]

---

10 *Ibidem*, p. 14.
11 *Ibidem*, p. 16.

Mas como, afinal, o ensaio sobre *Terra em transe* dá conta de objetivar essas questões gerais em termos de análise fílmica? Como o cinema de Glauber, para estar à altura da crise nacional, se põe ele próprio em crise?

Mais uma vez o *tour de force* ancora-se solidamente na análise imanente. É ela que permite ver a forma fílmica, e é esse desvendamento que possibilita superar leituras anteriores sobre a arte daquele momento, mostrando como o cinema criou formas capazes de incorporar as contradições envolvidas num evento histórico das proporções do golpe militar. O ensaio *"Terra em transe*: alegoria e agonia" se inicia diretamente pela análise da sequência final do filme – a coroação de Diaz –, concluindo o longo *flashback* que compõe quase a totalidade da obra. Numa análise minuciosa, Ismail descreve como a coroação surge em *flashes*, justapostos ao momento do início da agonia do protagonista: alvejado pelas forças de segurança, contra as quais joga seu carro, Paulo Martins faz seu discurso melancólico e exasperado, que fala de desilusão, do fechamento de horizontes históricos pela reposição do poder de sempre. As imagens desse momento pretensamente realista são interrompidas, de modos variados – sublinha Ismail, tirando daí muitas consequências – por *flashes* da coroação.

A sequência é subdividida em blocos. A análise chama primeiramente a atenção para a variação do regime de relações entre montagem, ação e fala de Paulo Martins: quando a coroação se estabiliza na tela, se sobrepondo à cena no carro, ela se revela um amálgama grotesco das figuras do poder de Eldorado, do passado e do presente, com Diaz sendo empossado como "monarca". Na voz *over*, o discurso do poeta denuncia a impostura do espetáculo, carnavalizado de maneira soturna, enquanto o vemos, arma em punho, como um fantasioso guerrilheiro, que invade a cena, para matar e morrer.

"O que prova sua morte, Paulo?": a pergunta pelo sentido de fundo daquilo, feita por Sara, sua companheira mais disciplinada, é o mote para a sobreposição da resposta enobrecedora, que busca dar a si próprio tons de herói trágico, analisa Ismail, desconfiando do personagem-narrador, e começando a apontar o sofisticado ardil que há nessa narração que é de Paulo Martins, mas não plenamente, já que atua nela uma forma de aproximação e distanciamento diante da visão do pretenso revolucionário. "O triunfo da beleza e da justiça!", diz Paulo, ao mesmo tempo que, na imagem, aparece um novo *flash* do "herói" tomando para si a coroa. Nas descrições dessas oscilações e discrepâncias, começa a ser denunciada a ambição autoritária de Paulo Martins.

No movimento final da sequência, há a interrupção da convulsão subjetiva e formal, do protagonista e do estilo que se afasta de vez dele, para que tenha lugar o famoso discurso de posse de Diaz, afirmação do poder como máscara grotesca, para além de qualquer contaminação subjetivista, com ares de "fato consumado", como diz Diaz: "Aprenderão! Dominarei esta terra! Botarei estas histéricas tradições em ordem. Pela força, pelo amor da força, pela harmonia universal dos infernos, chegaremos a uma civilização!".

Ismail, por fim, chama a atenção para a repetição da imagem emblemática das dunas, que encerra o filme e já aparecera no início do *flashback*, com o verso "não conseguiu firmar o nobre pacto entre o cosmos sangrento e a alma pura". Entre os "dois epitáfios", como chama o ensaísta, há o desmonte da moldura romântica da abertura. Orienta a escolha do trecho que abre a análise, a percepção de uma variação fundamental da relação entre a ação do protagonista e o trabalho da instância narrativa: o que no começo é contaminação e adesão ao protagonista, ao final é exposição de suas contradições.

É o fio da meada, do qual Ismail puxa a subjetiva indireta livre como "princípio de coerência" que orquestra o transe, a "avalanche de gestos e falas", já referida ao final de *Sertão mar*, como um novo patamar da dialética entre fragmentação e totalidade, que Ismail identifica em Glauber, mas que projeta, como princípio de interrogação, aos filmes da série de *Alegorias*. O ensaio explora as filigranas do filme guiado por essa ideia, percebendo como a

> [...] recapitulação está longe de se organizar segundo um padrão convencional de memória voluntária e compõe um fluxo ambivalente de imagens [...]. Procurando um princípio formal que governe o trabalho da narração de *Terra em transe*, deve-se reconhecer que a montagem que expõe o fluxo subjetivo do poeta produz interpolações que parecem vir de outra fonte[12].

---

12 *Ibidem*, pp. 38-9.

As pontuações do texto vão mostrando, ainda, como nem sequer é possível distinguir momentos de delírio, como o da coroação, de momentos de pretenso realismo, como o do discurso de posse, com sua estabilização de som e imagem. Ismail nos mostra de que forma o transe é mais profundo, borrando as fronteiras entre subjetivação e objetividade.

De modo mais geral, por um lado, há no filme o impulso didático, que Ismail diz permanecer, desde *Barravento*, expondo as ilusões do projeto nacional-popular. Seja em momentos francamente brechtianos, como a lição de luta de classes que Diaz dá a Fuentes, seja – para escândalo da esquerda daquele momento – em lances da má consciência de Paulo Martins, como nas cenas de agressão a figuras do povo.

De modo ainda mais significativo, demonstrando uma das faces do rendimento interpretativo do conceito de alegoria, arrolam-se os momentos nos quais o próprio estilo de representação assume ares didáticos, com a esquematização alegórica servindo à composição, e ao mesmo tempo crítica, do quadro de forças, como no comício carnavalizado no terraço de Vieira, exposição irônica do teatro populista e de seus limites.

E há ainda, na leitura em várias camadas empreendida no ensaio seminal, a dimensão das "estruturas obsessivas". Dentro do fluxo subjetivo da recapitulação, há os momentos que se organizam de modo circular, marcadamente aqueles que têm Sara como centro, com a subjetividade distorcendo francamente a linearidade do relato, e outros de repetição, como a presença constante e reiterada de Diaz, a figura da obsessão paterna do poeta, que se interpõe a toda hora.

E essa segunda força, a das obsessões, é tão fundamental quanto o didatismo. Ismail expõe como as várias faces das formas alegóricas se completam. A repetição da figura de Diaz, que obseda a memória-relato do protagonista, reúne a psicologia da figura do pai com o autoritarismo colonial recorrente, por ele também figurado. A visão autoritária de elite, que percebe a nação como emanação de sua vontade, expressão de forças míticas às quais "os eleitos" estariam ligados, está amalgamada ao fluxo narrativo composto na chave da subjetiva indireta livre que tem o poeta de esquerda como eixo.

E, evidenciando a reviravolta crítica na arte de Glauber, o crítico sublinha a mutação no modo de tratar a totalização narrativa: na própria ordenação do relato de *Terra em transe*, obsessão psicológica e reposição mítica se justapõem. As forças históricas alegorizadas nos personagens do filme não são apenas as peças de uma sociologia didática do golpe. Como as figuras de *Deus e o diabo*, os personagens do filme pós-golpe também se movem por forças que se situam além delas. Mas agora já não sopram os ventos da revolução. As forças que impulsionam os personagens aos seus destinos são atávicas, vindas da empresa colonial que constitui Eldorado.

Se em *Deus e o diabo na terra do sol* o discurso indireto livre incorporava profecia e revolução, formas populares e de engajamento erudito numa síntese teleológica, em *Terra em transe* essa figura estilística crucial do modernismo funciona de outra forma, forma em crise, na qual a má consciência de Paulo Martins é a base para uma justaposição de visões da história sem teleologia redentora.

Em *Terra em transe* impõe-se a repetição do destino colonial. Há ainda impulso mítico, que age como liga, para além dos cálculos políticos – mas aqui o mito já não é promessa e, sim, regressão. Paulo Martins está contaminado até a medula pelo autoritarismo de Diaz, e a subjetividade do poeta se expande para um fluxo histórico que se move por repetição, numa reposição mítica, da primeira missa, oficiada por Diaz, até o desfecho, com sua coroação. Diante dessa história infernal de reencenações do mito colonial de origem, Paulo, a "cópia suja de Diaz", propõe uma ruptura ritualística: um banho de sangue, que não se efetiva. Diaz e Paulo são versões dos "eleitos" com acesso a essas forças telúricas que comandariam a movimentação política – com Diaz, novamente, afirmando seu poder de líder carismático. As figuras individuais adquirem conotação alegórica e a narração subjetiva se expande até a dimensão da história vivida como mito, oscilando entre versões, e entre esse vetor mítico de fundo e a exposição didática do jogo do poder.

Ismail já caracterizara o barroquismo do autor de *Deus e o diabo*, mas mostra agora como ele toma contornos mais soturnos. Uma forma pessimista da "dialética entre fragmento e totalidade", na qual a totalidade é regressiva, apocalíptica. Como já havia sido anunciado, uma alegoria do desencanto. Uma aproximação mais profunda com o modo benjaminiano de ver a alegoria: há o enclausuramento palaciano e uma desvitalização melancólica. Afinal, toda recapitulação é feita sob o signo da morte, em um *flashback* agônico. A poesia, também agônica – ela própria anacrônica, cantando a vida como queda inevitável e o tempo como corrosão universal –, busca ser a expressão e o contraponto desse mundo sufocante e, apesar de toda a exasperação, imóvel. *Terra em transe* é um drama barroco pleno.

A compreensão das modulações internas de *Terra em transe*, do discurso indireto livre cinematográfico, ancorado na subjetividade de seu protagonista, mas indo bem além dela, não apenas dá régua e compasso para o projeto completo de *Alegorias do subdesenvolvimento*, mas explica com clareza o sempre lembrado papel do filme de Glauber na eclosão do Tropicalismo. Vai, inclusive, além do depoimento de seu principal mentor, Caetano Veloso, porque flagra não apenas a denúncia das ilusões "populistas" – termo compartilhado pelo crítico e pelo músico-ensaísta –, mas também a mutação formal que dá corpo a essa crítica.

Essa caracterização crítica da crise, não mais como promessa, mas como história imóvel, responde – ainda que o autor não explicite o diálogo – à célebre análise da alegoria tropicalista feita por Roberto Schwarz, como um *ready made*, que flagra o escândalo do subdesenvolvimento, mas o congela, sem mediações, retirando do horizonte a possibilidade de transformação. O que se depreende da análise de Ismail é que o congelamento foi do processo, e não da figura de linguagem, e a ruptura de Glauber, com sua primeira fase nacional-popular, foi a própria formulação estética da crise.

Segundo Schwarz:

> [...] houve um momento, pouco antes e pouco depois do golpe, em que ao menos para o cinema valia uma palavra de ordem cunhada por Glauber Rocha (que parece evoluir para longe dela): "por uma estética da fome". A ele ligam-se alguns dos melhores filmes brasileiros, *Vidas secas*, *Deus e o diabo* e *Os fuzis* em particular. Reduzindo ao extremo, pode-se dizer que o impulso desta estética é revolucionário. O artista buscaria a sua força e modernidade na época presente da vida nacional, e guardaria quanta independência fosse possível em face ao

aparelho tecnológico e econômico, em última análise, sempre orientado pelo inimigo. A direção tropicalista é inversa: registra, do ponto de vista da vanguarda e da moda internacionais, com seus pressupostos econômicos, como coisa aberrante, o atraso do país[13].

O ensaio "*Terra em transe*: agonia e alegoria" mostra que o princípio da alegoria tropicalista está, digamos, um passo antes desse referencial internacional. Desfaz-se a ilusão de teleologia, e em seu lugar compõe-se a coleção infernal de elementos grotescos que permanecem, e constantemente se repõem, como solo nacional, estruturado em torno de mitologias regressivas, que são a expressão cultural de nossa dependência, sempre refeita em modernizações conservadoras, sempre financiadas "pela Explint" e vivenciadas nos tons do messianismo autoritário de uma elite grotesca, da qual a esquerda é uma "cópia suja".

A "mediação", como celebra Schwarz nas obras pré-64, foi analisada por Ismail em *Sertão mar*, nos termos da síntese nacional-popular. Do ponto de vista de *Terra em transe*, isso é uma ilusão, um fragmento a mais – o mais doloroso – do inferno de Eldorado.

O grande rendimento dessa interpretação é duplo.

No âmbito dos grandes temas nacionais, trata-se de uma visão mais nuançada do que "Cultura e política", de Roberto Schwarz, que condena a alegoria tropicalista por não "totalizar", numa perspectiva do movimento e luta popular ainda em curso. Em sua leitura da obra glauberiana, Ismail apresenta uma visão calcada em outro modo de compreender a alegoria, capaz de perceber as variações entre fragmentação e totalidade como um jogo permanente, que com o golpe de 1964 sofreu uma mutação crucial, a partir da qual novas configurações surgiriam.

No âmbito metodológico, a riqueza da análise das modulações da instância narrativa, por meio dos diferentes arranjos do discurso indireto livre na crítica de

---

13 Roberto Schwarz, "Cultura e política, 1964-69", em: *O pai de família e outros ensaios*, Rio de Janeiro: Paz e Terra, 1978, p. 77. Aqui, a referência implícita de Schwarz é *Terra em transe*.

Sertão mar e de *Alegorias*, foi uma conquista da análise fílmica nacional, ajudando a consolidar o campo dos estudos cinematográficos no país, pela profundidade da interpretação alcançada e também pela riqueza do instrumental analítico desenvolvido.

Junto ao seu uso original da alegoria, Ismail faz, com grande rendimento analítico, uma leitura muito incisiva da ideia bakhtiniana das "vozes" narrativas, implícitas nos próprios arranjos formais, e não apenas encarnadas em personagens. Ou seja, abre a "caixa de ressonância" cultural dos complexos filmes que estuda, nos quais ecoam, nas próprias escolhas formais, as "vozes" do momento histórico. Apontando como isso funciona, e se modifica, na obra de Glauber – o mais denso dos autores desse momento de auge do cinema moderno brasileiro –, Ismail abre a possiblidade de multiplicar e levar adiante essa forma de crítica, que associa à análise da filigrana da fatura estética com a ampla interpretação histórica.

Desde o ponto de vista da complexidade de análise de Ismail, pelo cotejo da invenção do primeiro Glauber com filmes clássicos (em *Sertão mar*), passando à crise da síntese nacional-popular (em *Alegorias*), esclarece-se como formas de modulação dos canais de expressão cinematográfica compõem orquestrações de vozes narrativas. O cinema clássico se revela como apenas uma das possibilidades desses arranjos, e, mais importante, evidencia como são relativos os limites entre os tipos de cinema.

Abre-se a possibilidade de estudar arranjos estéticos os mais variados e, ao mesmo tempo, suas potencialidades de incorporação formal das questões dos momentos históricos. O próprio Ismail fez esse percurso. O marco de compreensão da mutação do cinema moderno brasileiro, nos críticos anos do fim da década de 1960, lhe deu base para acompanhar as variações do cinema brasileiro. Foram marcantes, nesse sentido, a entrevista à revista *Praga*[14], na virada do século – na qual flagra as múltiplas formas de relação entre o cinema autoral da retomada e os códigos de gênero –, e, mais recentemente, o novo prefácio a *Alegorias*, em sua reedição de 2012[15], em que prolonga os motivos e arranjos das variações ale-

---

14 Ismail Xavier, "O cinema brasileiro dos anos 90", *Praga – Estudos Marxistas*, 2000, n. 9, pp. 97-138.

15 Ismail Xavier, *Alegorias do subdesenvolvimento, op. cit.,* pp. 7-27.

góricas, encontrando linhas de força variadas – as formas do banditismo social e da violência, as distintas totalizações implícitas em *road movies*, as equações de encenação da alteridade social etc. – que se estendem dos anos 1970 ao cinema brasileiro contemporâneo.

Para além da continuidade e desdobramento de sua própria reflexão, as conquistas de Ismail se tornaram seminais, não apenas nos trabalhos de seus muitos e variados orientandos[16], mas para todo o campo cinematográfico brasileiro, e para além dele. Sua combinação entre análise fílmica e interpretação histórica é uma demonstração acabada do que pode a crítica cinematográfica como história cultural no sentido mais profundo, alcançando o mesmo lugar privilegiado da crítica literária, se tornando repertório compartilhado e dando base sólida a um campo de reflexão em formação.

---

16 Meu próprio trabalho, com a dissertação *Antes da revolução e o desafio: crise do intelectual e discurso indireto livre*, de 2001, e a tese *Pequenos homens, grandes destinos e ironias líricas:* O homem que copiava *[Jorge Furtado, 2004] e* Redentor *[Cláudio Torres, 2005]*, de 2006, são desenvolvimentos das amplas possibilidades de análise fílmica e interpretação social abertas pelo uso do discurso indireto livre como forma de composição do cinema moderno.

mister
Ismail Xavier
e o avatar
da academia

Tunico Amâncio

Escrevendo de uma perspectiva pessoal, o autor aponta a influência e a herança de Ismail Xavier na formação de gerações de professores e pesquisadores de cinema desde os anos 1980. Presta homenagem carinhosa ao mestre, do qual foi aluno e discípulo e com o qual, na condição de colega e amigo, compartilha o interesse pelo cinema brasileiro.

Jorge Luis Borges dizia que "a história é nossa imagem da história"[1], e que esta sempre melhora, porque se inclina à mitologia. Ele ainda corrobora a ideia de que a verdade histórica não é o que sucedeu, mas o que julgamos que tenha sucedido. Quase o mesmo que disse Millôr Fernandes, em outro registro, ao afirmar que "a história é mais que tudo, de quem tem os melhores historiadores" e também que "a história é uma lenda, só que muito mais mentirosa"[2]. Qual a razão para começar este artigo com estas vãs considerações sobre a história? Porque é com esta argumentação, atravessada por memórias e fatos, que proponho relatar alguns aspectos da trajetória do emérito professor Norberto Xavier, quando o destino permitiu que nos cruzássemos. Alegoria, melodrama, políticas públi-

---

1 Carlos Stortini, *Dicionário de Borges*, Rio de Janeiro: Bertrand Brasil, 1990, p. 104.
2 Millôr Fernandes, *Millôr definitivo: uma antologia de A bíblia do caos*, Porto Alegre: L&PM, 2016, p. 47.

cas, alteridade, identidade nacional e cinema brasileiro são temas que fizeram com que nossa aproximação fosse possível. Deste modo, pretendo iluminar não seu percurso, que certamente não precisa de mais luz, mas momentos específicos de sua vida, quando estivemos próximos por alguma razão. Isto me livra do rigor factual, do memorialismo acadêmico e abre uma brecha inquestionável para que eu possa homenagear o mestre.

Cruzamo-nos na Embrafilme, quando Ismail era o chefe do Departamento de Documentação e Divulgação, por volta de 1979, tendo sob sua responsabilidade as revistas sobre cinema (*Filme Cultura* e *Guia de Filmes*) e minha memória insiste nesses fatos, mas o que encontro de registro é apenas sua participação em conselhos editoriais. Certamente há mais coisas entre o céu e a terra, mas foi esse contato que me possibilitou procurar Ismail como eventual orientador quando decidi fazer meu mestrado na Universidade de São Paulo, já como professor de cinema da Universidade Federal Fluminense (UFF). Apesar de alguns revezes iniciais, que me fizeram começar sob a orientação da professora Maria Rita Galvão, finalmente pude ter uma relação mais direta com Ismail e, nos dois anos de minha formação na pós-graduação, fiz com ele as disciplinas "Cinema brasileiro: alegoria e Tropicalismo" (no primeiro semestre de 1983) e "Julio Bressane: do metacinema à metapoética" (no primeiro semestre de 1984). Ismail acabara de defender em 1982 o seu doutorado na Universidade de Nova York exatamente com o título de *Allegories of Underdevelopment: from the Aesthetics of Hunger to the Aesthetics of Garbage*.

Aquela talvez tenha sido para ele a hora de sedimentar o conhecimento, ampliando suas possibilidades e por causa dessa perspectiva revisitamos o tema, discutindo as questões de identidade nacional implicadas nas narrativas de um conjunto emblemático de filmes feitos nos anos 1960. Glauber, Sganzerla, Joaquim Pedro, Bressane, foram alguns dos autores com os quais nos deparamos e, no trabalho de análise e interpretação de suas obras, pudemos constatar, apreciar e aprender o método de estudo que, ao menos para mim, era apresentado pela primeira vez: um mergulho na compreensão dos nexos imanentes da imagem-som, a contenção do historicismo dispersivo, a articulação estilística e formal de cada segmento nas interfaces da estética e da política, do cinema e da sociedade. Um método que provavelmente era a súmula dos ensinamentos de Paulo Emílio e Antonio Candido, regados pelo pragmatismo norte-americano, confrontando intenções e manifestos autorais com a dinâmica específica da narrativa cinematográfica. Uma síntese que estabelecia novo patamar no campo da crítica, potencializada pela verve erudita do professor. Minha principal participação no curso foi trazer à baila o filme *Brasil ano 2000* (1969), uma contundente alegoria musical em exuberante e inusitado tropicolor, dirigida por Walter Lima Jr. A cópia em 35 milímetros veio da UFF, onde fazia parte de um miniacervo doado ao CineArte, cópia que levei para São Paulo e decupei para o trabalho final do curso. Foi meu primeiro esforço também de decupagem de um filme inteiro. Uma quase fábula sobre o Brasil de 1969 com seu desejo de modernidade, seus desatinos tecnológicos, a milicagem determinando o futuro de Me Esqueci, a cidade perdida no tempo com personagens reivindicando uma falsa identidade indígena, vivendo a farsa de um pós-guerra, desesperançado na tela e desesperado naqueles tempos pós-AI-5. Alegoria veemente, caricatura de nossa marginalidade, justaposição de elementos arcaicos e modernizadores numa moldura melancólica que precede a investigação estética, tática contra a censura. "Não é só nos anos que estão os enganos" e "o tempo tanto anda como desanda", frases colhidas ao acaso da diegese do filme, dão o tom da catedral alegórica para a enunciação do discurso do outro, com pinceladas de Habermas e Benjamin. Ismail no comando, forçando essas ligações e análises.

O outro curso foi sobre Julio Bressane, com o supremo luxo de assistir a cópias raras, exibidas em 16 milímetros na cabine da Escola de Comunicações e Artes (ECA) para uma audiência de neófitos admiradores do udigrúdi nacional, reverenciado na figura de uma de suas cabeças de proa. Esse curso, que inclusive propiciou uma antológica entrevista com o próprio diretor em seu apartamento no Rio, comandada por Ismail e secundada por Anita Simis, Fernão Ramos e por mim, permitiu-nos o cotejo da análise fílmica com os discursos, intenções ou manifestações ideológicas dos autores das obras, que precisam ser historicizados e despsicologicizados enquanto são confrontados com o exposto na superfície das telas. Assim, lidamos diretamente com a construção de uma leitura crítica sobre as obras de Bressane, considerando nelas também os procedimentos antropofágicos de colagem-montagem, reflexividade, experimentação, interação provocadora com seu público, estilo e poética particulares em um momento de turbulência política. Ismail nos revelou, em uma leitura atenta e sistemática das obras de

Bressane, como a assimilação crítica que alimenta a obra (principalmente aquela dos anos 1960-70) incorpora muitos traços da alteridade para reconfigurá-los e ressignificá-los em uma contaminação que atualiza o estatuto do "cinema de invenção" proposto por Jairo Ferreira. Uma substância poética que vai se apresentar nos filmes da Belair e mesmo na produção posterior ao exílio, sempre na contramão do cinema regrado, massivo, digestivo e inócuo. Ismail exibe os filmes, os analisa, confronta suas ideias com as do realizador, embevece seus estudantes.

Cabe lembrar que, a essa altura, o único curso brasileiro com formação em pós-graduação em cinema era exatamente o da ECA e que ali se formou a segunda geração de pesquisadores (e professores), também responsáveis pela futura consolidação do campo acadêmico do cinema e do audiovisual. Ismail tem uma enorme importância nessa formação, orientando boa parte dos estudantes que seriam no futuro realizadores, críticos e pesquisadores engajados nas lutas do cinema brasileiro. Entre eles, em uma leitura que tem mais a ver com um sobrevoo pela lista dos que de certa forma continuaram a se dedicar à pesquisa, ao ensino ou à produção do cinema e do audiovisual, podemos citar Lúcia Nagib, Rubens Machado Junior, Eduardo Morettin, Guiomar Ramos, Renato Pucci, Carlos Adriano, Roberto Moura, Ilma Santana Curti, Chico Botelho, Mariarosaria Fabris, Fernão Ramos, Mônica Kornis, Roberto Moreira, Aída Marques, Alfredo Manevy, Leandro Saraiva, Pedro Plaza Pinto, Carlos Roberto Rodrigues de Souza e muitos outros, que de uma forma ou de outra, em um amplo espectro temático, se comprometeram profissionalmente com as questões do cinema brasileiro.

Um engajamento que, no meu caso, reuniu minha experiência anterior na Embrafilme, onde conheci Ismail e me levou a desenvolver um projeto de pesquisa que trazia à tona alguns elementos da área de produção, seus procedimentos internos e suas políticas. A escolha do tema, que finalmente se transformou na dissertação *Embrafilme: produção cinematográfica na vertente estatal – Gestão Roberto Farias*, possibilitou uma intensa e profícua troca de ideias com meu orientador, centrada no campo das políticas culturais, das relações de contaminação com a classe política (1977-81, ainda sob a ditadura) e com a classe cinematográfica. O trabalho versava especificamente sobre a atuação do Estado na área de produção durante a progressista gestão de Roberto Farias (valorização esta feita a partir de meus critérios positivos de uma política pública – e há quem discorde deles), quando uma fortuita circunstância política permitiu que se explorasse o campo das possibilidades do cinema brasileiro enquanto projeto mais coletivo, mais democrático, mais programático e mais efetivo em termos de amplitude e visibilidade. Mapeando as carências do setor, o Estado se nutriu de um diagnóstico bastante preciso do mercado, suas deficiências e potencialidades. Observados do ponto de vista das operações da Superintendência de Produção, onde eu trabalhara, a dissertação mergulhou nos mecanismos processuais, nos apoios exteriores, na sedimentação política das principais categorias profissionais ligadas ao cinema, na tentativa de descentralização e ampliação do leque de produção, assim como nos dissensos internos, das ingerências externas na empresa, na verificação das contradições de um projeto de certa forma singular no seio de uma ditadura militar.

Ismail problematizou e negociou comigo conceitos, categorias de análise, exposição de dados, principalmente porque, quando da defesa, em maio de 1990, o presidente Fernando Collor havia detonado toda a estrutura político-administrativa do cinema e as argumentações baseadas na minha experiência interna na Superintendência de Produção poderiam ser usadas como lenha na fogueira do desmonte institucional que se sucedeu. Ismail me orientou a agir com cautela estratégica na exposição dos pontos mais conflitantes do trabalho. Como um estudo de caso, o trabalho ganhou a forma de livro com título: *Artes e manhas da Embrafilme*, que só foi publicado pela Intertexto em 2000, sem que provocasse maiores celeumas.

Durante esse período, outras lutas tiveram lugar, e uma delas, onde militamos lado a lado, agora como professores de instituições públicas, foi a intensa mobilização nacional para a consolidação do campo acadêmico dos estudos cinematográficos. Essa movimentação, que vinha desde os anos 1970, agrupava as principais escolas de cinema do país sob a denominação de Enercs (Encontros Nacionais de Cursos de Cinema) e orquestrava a união institucional e a articulação interna dos cursos, discutindo os currículos, o perfil da equipe docente, os intercâmbios possíveis e as medidas para a oficialização do ensino em nível superior, já que nem todas as instituições tinham essa relação oficial (caso do MAM e outros)[3]. O movimento passou a se chamar Enec em 1985 e em 1987 par-

---

3 Luciana Rodrigues Silva, *A formação em cinema em instituições de ensino superior brasileiras:*

ticipamos do evento. Lembro-me apenas de ter acompanhado Ismail na 19ª edição do Festival de Inverno da Universidade Federal de Minas Gerais, realizado em Ouro Preto. Engajado também nessa luta, Ismail participou de vários outros encontros, em uma militância necessária e constante, que acabou rendendo para o campo o reconhecimento oficial.

A essa altura, Ismail já desfrutava de notoriedade no terreno da investigação e da docência cinematográfica, tanto por suas relações pessoais, como pela maior difusão de suas obras, já tidas como referência no meio acadêmico. Já estava no panteão dos intelectuais de fatura crítica de esquerda, na linhagem de Paulo Emílio e Antonio Candido, conforme já explicitado. *O discurso cinematográfico: a opacidade e a transparência* (1977), *Sétima arte: um culto moderno* (1978), *Sertão mar: Glauber Rocha e a estética da fome* (1983), *A experiência do cinema* (1983), *D. W. Griffith: o nascimento de um cinema* (1984), *O desafio do cinema* (em colaboração com Jean-Claude Bernardet e Miguel Pereira) (1985) e *Alegorias do subdesenvolvimento: Cinema Novo, Tropicalismo, Cinema Marginal* (1993) são alguns dos títulos que passaram a fazer parte da bibliografia básica de todo pesquisador-estudante-cinéfilo.

Em 1994 retornei a São Paulo para ampliar minha formação, agora no doutorado e de novo foi Ismail que me acolheu como orientador. Meu tema dessa vez era mais difícil, mais *flou*, mais espinhoso, já que se tratava de pesquisar a representação do Brasil e dos brasileiros no cinema de ficção internacional, de viés industrial-comercial. Um projeto que me permitiu fazer uma bolsa-sanduíche na Universidade Sorbonne Nouvelle – Paris 3. Mas, antes de embarcar nessa aventura, cumpri em São Paulo, na USP, com meu orientador, a disciplina "Teoria e crítica do realismo cinematográfico", onde foram colocados em xeque os princípios dessa corrente, de Bazin a Eisenstein, com o recurso também a muitos outros teóricos, desconstruindo conceitos estratificados, propondo revisões, ponderando dicotomias, contextualizando os princípios estéticos em sua dimensão temporal e política. A novidade? A perspicácia do olhar, a erudição da argumentação, a sugestão de desdobramentos que ao menos para mim, naquele momento, foram de capital

---

Universidade Federal Fluminense, Universidade de São Paulo e Fundação Armando Álvares Penteado. Dissertação (Mestrado em Ciências da Comunicação) – Programa de Pós-Graduação em Ciências da Comunicação, Universidade de São Paulo (USP), São Paulo: 2004, pp. 75-9.

importância. Com essas eficientes ferramentas teóricas, pude me debruçar com mais disposição sobre meu tema de investigação, pensando a representação como um discurso a ser confrontado com a experiência social e dentro disto perceber os artifícios da linguagem e seus procedimentos de assentamento em tal ou qual corrente cinematográfica. A síntese promovida por Ismail, em seu curso, me abriu importantes caminhos de reflexão, desdobrados na minha tese.

Uma das principais contribuições de Ismail na orientação de minha pesquisa foi o alerta de que estereótipos e clichês não deveriam ser buscados em um corpo teórico muito perpendicular ao meu objeto. Isto me levou a fazer da história o terreno fecundo para sedimentar minha argumentação de que a construção da imagem de um país e de suas gentes tem uma origem que quase pode ser precisada pela verificação dos intercâmbios econômicos e culturais que são estabelecidos com os povos com os quais mantém contatos de proximidade ou de dependência. Assim, ficariam mais evidentes as implicações dessa ou daquela seleção de argumentos para que certas imagens sobrevivam, e se mantenham, sem muita alteração no decorrer dos tempos. Como disse Randal Johnson, também um amigo de Ismail de longa data, junto com Robert Stam e João Luiz Vieira, todos com passagem acadêmica pela Universidade de Nova York, lá pelos idos de 1970, e também um brasilianista de mão cheia, seria preciso uma discussão mais detalhada sobre a desigualdade das trocas simbólicas e econômicas entre os países para entender o porquê de uma visão tão limitada de um país tão complexo[4]. Uma discussão que é proposta na tese, mas que, ainda seguindo a influência de Ismail, se assenta e se desdobra na linguagem – e foi assim que me dei conta do poder do *establishing shot* na composição das narrativas estrangeiras sobre o Brasil. Uma estratégia retórica que dispõe os elementos no espaço da tela e assim classifica e hierarquiza a presença de brasileiros e estrangeiros. Uma maneira bastante xavieriana de abordar um assunto, cruzando contextualização crítica, investigação temática e reflexão sobre as operações de linguagem.

Também foi muito oportuna minha passagem por Paris, em 1995, com uma bolsa-sanduíche, na Universidade Sorbonne Nouvelle – Paris 3, a mesma instituição

---

4 Tunico Amâncio, "Apresentação", catálogo da mostra *Brasil, o olhar estrangeiro*, 24 mar.-2 abr. 2000.

onde Ismail esteve como professor visitante em duas ocasiões – 1999 e 2011 –, expandindo seus horizontes acadêmicos internacionais. Nos encontramos lá, quando de minha estada e pudemos discutir detalhes da evolução de meu trabalho, em busca de um método, de uma bibliografia e de uma filmografia, sob a supervisão generosa do professor Michel Marie. Minha passagem por Paris foi de extrema importância para o desenvolvimento da tese e para meu crescimento enquanto pesquisador. Assisti aos cursos de Jacques Aumont, Michèle Lagny, aos seminários de Roger Odin, segui na Cinemateca Francesa as conferências semanais do Collège d'Histoire de l'Art Cinematographique, com suas incríveis palestras ilustradas com trechos de filmes; frequentei bibliotecas e museus; pesquisei em acervos públicos e pessoais. A decisão de ir para Paris, para além de viver uma vida tranquila e confortável numa cidade absolutamente cativante, me permitiu descobrir uma quantidade enorme de filmes que tinham o Brasil como tema ou o tangenciavam. Graças a catálogos de mostras e a alguns veículos da imprensa francesa dedicados ao cinema, consegui chegar a quase duas centenas de filmes, não fosse a cidade um excelente centro difusor do cinema. O que me importava descobrir era como o cinema comercial construiu, no imaginário internacional, uma leitura do Brasil. E também de que modo se dava essa construção, que apagamentos determinava, que ênfases promovia, de maneira a encenar e naturalizar um discurso sobre o periférico, o exótico, o tropical. Para isso, contei com o suporte teórico de Jacques Aumont, influência decisiva na análise dos filmes, Tzvetan Todorov, Jean Baudrillard, Marc Guillaume, Mondher Kilani, Ruth Amossy, Penny Starfield, Robert Stam e Ella Shohat, com os quais compus minha reflexão sobre a alteridade e a função dos estereótipos e clichês. O acesso a tão grande número de estímulos intelectuais e a registros palpáveis do meu *corpus* (estávamos ainda na era do VHS), me permitiu, no retorno ao Brasil, finalizar, com a ajuda de Ismail, o esquema geral do trabalho e defendê-lo a contento.

A relação acadêmica direta com Ismail Xavier, no campo de minhas experiências pessoais, tem sido o eixo por onde passam minhas inquietações intelectuais. Por sorte, ou destino, ou por sagacidade memorialista, os assuntos trazidos por ele à tona, em nossa relação professor/aluno, orientador/orientando, colega/amigo estabeleceram na minha formação um patamar muito particular de interesses, espelhado no conhecimento do mestre, sua bagagem e difusão. A política, a identidade nacional, a conformação da experiência estética historicizada, os métodos e procedimentos de indagação feitos diretamente às obras cinematográficas são a herança da qual sou devedor.

O percurso de Ismail Xavier, Mister IX, continua se desdobrando em descobertas ou ações que caracterizam o seu generoso estar no mundo, atento e atuante. Os novos caminhos tomados (o ressentimento, o melodrama, o cinema latino-americano, as implicações do plano-sequência), corroboram a importância da extensão de suas preocupações pessoais, assim como o engajamento (política da cinemateca, pertencimento às agências de fomento, atenção aos cursos de pós-graduação, palestras e conferências), continuam a lhe conferir o destaque obrigatório na cena do pensamento sobre cinema no Brasil.

Começar esta reflexão com Borges e Millôr me obriga, de certo modo, a trazê-los de volta. Meus respeitos, Ismail, Mr. IX, e saiba, como disse o carioca Millôr, que o que importa não é a história, mas o verbete da história[5]. Você definitivamente está incorporado à história da inteligência neste país. Contrabalançando tanta certeza, o portenho Jorge Luis Borges também nos lembra que

> [...] nosso passado não é o que se pode registrar em uma biografia, ou o que podem proporcionar os jornais. Nosso passado é nossa memória, e essa memória pode ser uma memória latente, ou errônea, mas não importa: está aí. Pode mentir, mas essa mentira já é, então, parte da memória; é parte de nós[6].

Uma citação longa, digna do respeito que tenho pela sua inteligência e sensibilidade de Ismail Xavier, e que expressa minha gratidão por sua generosa contribuição ao meu desenvolvimento intelectual... e ao de boa parte da minha geração interessada em cinema.

---

5 Millôr Fernandes, *Millôr definitivo, op. cit.*, p. 47.
6 Carlos Stortini, *Dicionário de Borges, op. cit.*, p. 139.

```
erismailxavierismailxavierismai
ierismailxavierismailxavierisma
vierismailxavierismailxavierism
avierismailxavierismailxavieris
xavierismailxavierismailxavieri
lxavierismailxavierismailxavier
ilxavierismailxavierismailxavie
ailxavierismailxavierismailxavi
mailxavierismailxavierismailxav
smailxavierismailxavierismailxa
ismailxavierismailxavierismailx
rismailxavierismailxavierismail
erismailxavierismailxavierismai
ierismailxavierismailxavierisma
vierismailxavierismailxavierism
ierismailxavierismailxavierisma
erismailxavierismailxavierismai
rismailxavierismailxavierismail
ismailxavierismailxavierismailx
smailxavierismailxavierismailxa
mailxavierismailxavierismailxav
ailxavierismailxavierismailxavi
ilxavierismailxavierismailxavie
lxavierismailxavierismailxavier
xavierismailxavierismailxavieri
avierismailxavierismailxavieris
vierismailxavierismailxavierism
ierismailxavierismailxavierisma
erismailxavierismailxavierismai
```

referências bibliográficas

A paixão pelo detalhe, ou o método da análise fílmica
XAVIER, Ismail. *Sertão mar: Glauber Rocha e a estética da fome*. São Paulo: Cosac Naify, 2007.

A contribuição de Ismail Xavier para os estudos de cinema brasileiro em língua inglesa
DENNISON, Stephanie; SHAW, Lisa. *Latin American Cinema: Essays on Modernity, Gender and National Identity*. Jefferson: McFarland & Company, 2005.
NAGIB, Lúcia (org.). *The New Brazilian Cinema*. Londres: I. B. Tauris, 2013.
MILLER, Toby; STAM, Robert. *A Companion to Film Theory*. New Jersey: Wiley Blackwell, 2003.

Palavra e imagem: vasos comunicantes
XAVIER, Ismail. "O olhar e a voz: a narração multifocal do cinema e a cifra da história em *São Bernardo*". *Literatura e Sociedade*. São Paulo: 1997, n. 2, pp. 126-38.
_____. "Do texto ao filme: a trama, a cena e a construção do olhar no cinema". Em: PELLEGRINI, Tânia et al. *Literatura, cinema e televisão*. São Paulo: Editora Senac São Paulo/Instituto Itaú Cultural, 2003, pp. 61-89.
_____. *O olhar e a cena: melodrama, Hollywood, Cinema Novo, Nelson Rodrigues*. São Paulo: Cosac Naify, 2003.
_____. "O olho mágico, o abrigo e a ameaça: convulsões – Ruy Guerra filma Chico Buarque". *Revista Matrizes*. São Paulo: 2009, ano 2, n. 2, pp. 15-30.
_____. "A geometria barroca do destino". *Significação: Revista de Cultura Audiovisual*. São Paulo: 2011, v. 38, n. 36, pp. 9-33.
_____. "O nome próprio, a tela-espelho, o corpo-palavra e seu duplo". *Significação: Revista de Cultura Audiovisual*. São Paulo: 2015, v. 42, n. 43, pp. 14-39.

Quando a literatura se faz imagem: alegoria e olhar na obra de Ismail Xavier
DIDEROT, Denis. *Discurso sobre a poesia dramática*. São Paulo: Cosac Naify, 2006
PAECH, Joachim. *Literatur und Film*. Munique: Sammlung Metzer, 1997.
XAVIER, Ismail. *Sétima arte: um culto moderno*. São Paulo: Perspectiva, 1978.
_____. "A alegoria histórica". Em: RAMOS, Fernão. *Teoria contemporânea do cinema: pós-estruturalismo e filosofia analítica*, vol. 1. São Paulo: Senac, 2005.

XAVIER, Ismail. *Sertão mar: Glauber Rocha e a estética da fome.* São Paulo: Cosac Naify, 2007.

_____. *D. W. Griffith: o nascimento de um cinema.* São Paulo: Brasiliense, 1984.

_____. *Alegorias do subdesenvolvimento: Cinema Novo, Tropicalismo, Cinema Marginal.* São Paulo: Brasiliense, 1993.

_____. *O olhar e a cena: melodrama, Hollywood, Cinema Novo, Nelson Rodrigues.* São Paulo: Cosac Naify, 2003.

_____. *O discurso cinematográfico: opacidade e transparência.* São Paulo: Paz e Terra, 2005.

Deciframento alegórico e (auto)análise: a obra de Ismail Xavier e sua recepção francesa

ADORNO, T. W. "O ensaio como forma". Em: *Notas de literatura.* São Paulo: Editora 34, 2003.

ANGELINI, Claire. "Ismail Xavier, Glauber Rocha et l'esthétique de la faim". *1895. Mille huit cent quatre-vingt-quinze*, 2013, n. 69. Disponível em: <http://journals.openedition.org/1895/4660>.

ARAÚJO SILVA, Mateus. "Préface: avis aux navigants d'un sertão mer". Em: XAVIER, Ismail. *Glauber Rocha et l'esthétique de la faim.* Paris: L'Harmattan, 2008, pp. 11-24.

BERNARDET, Jean-Claude. *Brasil em tempo de cinema: ensaio sobre o cinema brasileiro de 1958 e 1966.* São Paulo: Companhia das Letras, 2007 [1967].

BRESCHAND, Jean (org.). *Écriture critique, état de veille.* Moulin d'Andé: CÉCI/Images en Manoeuvres Éditions, 1999.

DÁVILA, I. D. V. *Le Nouveau cinéma latino-américain (1960-1974).* Rennes: PUR, 2015.

DELAGE, Christian. "Préface : Exercice critique". Em: Jean Breschand (org.). *Écriture critique, état de veille.* Moulin d'Andé: CÉCI/Images en Manoeuvres Éditions, 1999.

FLETCHER, Angus. *Allegory: The Theory of a Symbolic Mode.* Nova York: Cornell University Press, 1965.

FRYE, Northrop. *Anatomia da crítica: quatro ensaios.* São Paulo: É Realizações, 2014.

GARDIES, Renés. "Glauber Rocha: política, mito e linguagem". Em: GERBER, Raquel (org.). *Glauber Rocha*. Trad. Júlio Cesar Montenegro. Rio de Janeiro: Paz e Terra, 1977 [1974].

GUIMARÃES, Renato Silva. "Politique et poétique: une esthétique de la faim. Le cinéma politique selon Glauber Rocha". Em: *Sens public*. 2008. Disponível em: <https://www.sens-public.org/article557.html?lang=fr>. Acesso em: 4 de maio de 2018.

MENDES, Adilson. "Teoria e história no estudo de cinema no Brasil" (entrevista com Ismail Xavier). Em: MENDES, Adilson (org.). *Encontros – Ismail Xavier*. Rio de Janeiro: Beco do Azougue, 2009, pp. 270-92.

MORETTIN, Eduardo; XAVIER, Ismail. "La Critique cinématographique au Brésil et la question du sous-développement économique: du cinéma muet aux années 1970". *Mille huit cent quatre-vingt-quinze*, 2015/3, n. 77, pp. 8-31. Disponível em: <https://www.cairn.info/revue-1895-2015-3-page-8.htm>.

PARANAGUÁ, Paulo (org.). *Le Cinéma brésilien*. Paris: Éditions du Centre Pompidou, 1987.

ROCHA, Glauber. *Le Siècle du cinéma*. Trad. Mateus Araújo Silva; edição estabelecida por Cyril Béghin e Mateus Araújo Silva. Bobigny: Magic cinéma, 2006.

SALES GOMES, Paulo Emílio. "O crítico André Bazin". Em: *Crítica de cinema no suplemento literário*, vol. 2. São Paulo: Paz e Terra, 1981.

XAVIER, Ismail. "Glauber Rocha: le désir de l'Histoire". Trad. Alice Raillard. Em: PARANAGUÁ, Paulo (org.). *Le Cinéma brésilien*. Paris: Éditions du Centre Pompidou, 1987, pp. 145-53.

_____. "Critique, idéologies, manifestes". Trad. Alice Raillard. Em: PARANAGUÁ, Paulo (org.). *Le Cinéma brésilien*. Paris: Éditions du Centre Pompidou, 1987, pp. 221-9.

_____. "L'Art comme laboratoire d'expérimentation des conflits". Em: *Dialogues sur la violence et la démocratie en France et au Brésil*. Paris: L'Harmattan. EHESS/CNRS e NEV-USP, 2005, pp. 193-203.

_____. *Sertão mar: Glauber Rocha e a estética da fome*. São Paulo: Cosac Naify, 2007.

_____. "As artimanhas do fogo, para além do encanto e do mistério". Em: CAETANO, Daniel (org.). *Serras da desordem*. Rio de Janeiro: Beco do Azougue Editorial, 2008.

XAVIER, Ismail. *Glauber Rocha et l'esthétique de la faim*. Trad. Sylvie Debs. Paris: L'Harmattan, 2009.

_____. "Entre Ressentiment et pragmatisme: la voix *off* en tant que discours du protagoniste devant la violence et le jeu de l'ascension sociale". *Cinémas*, 2011, v. 22, n. 1.

_____. *Alegorias do subdesenvolvimento*. São Paulo: Cosac Naify, 2012.

_____. *O discurso cinematográfico: a opacidade e a transparência*. São Paulo: Paz e Terra, 2012 [1977].

_____. *Sétima arte: um culto moderno*. São Paulo: Sesc, 2017 [1978].

_____. "Tema e variações: dois diálogos do pós-cinema com os philosophical toys do século XIX". Em: DUBOIS, P.; FURTADO, B. (orgs.). *Pós-fotografia, pós-cinema: novas configurações das imagens*. São Paulo: Edições Sesc, 2019.

O contrabandista e o intérprete

BAKHTIN, Mikhail. *Estética de la creación verbal*. México: Siglo XXI, 1985.

BAZIN, André. *¿Qué es el cine?*. Madri: Rialp, 1990. [*O que é o cinema?* São Paulo: Ubu, 2018.]

GODARD, Jean-Luc. *Jean-Luc Godard y el Grupo Dziga Vertov: un nuevo cine político*. Barcelona: Anagrama, 1976.

XAVIER, Ismail (org.). *O cinema no século*. Rio de Janeiro: Imago, 1996.

_____. *Cinema brasileiro moderno*. São Paulo: Paz e Terra, 2001.

_____. *O olhar e a cena: melodrama, Hollywood, Cinema Novo, Nelson Rodrigues*. São Paulo: Cosac Naify, 2003.

_____. "Prefácio". Em: *Glauber Rocha: revolução do Cinema Novo*. São Paulo: Cosac Naify, 2004.

_____. "Prólogo a la edición en castellano". Em: *El discurso cinematográfico: la opacidad y la transparencia*. Buenos Aires: Manantial, 2008.

_____. *Encontros – Ismail Xavier*. Rio de Janeiro: Beco do Azougue, 2009.

_____. *Alegorias do subdesenvolvimento: Cinema Novo, Tropicalismo, Cinema Marginal*. São Paulo: Cosac Naify, 2012.

A juvenília de Ismail

AGAMBEN, Giorgio. *Profanações*. São Paulo: Boitempo, 2007.

XAVIER, Ismail. Em: MENDES, Adilson (org.). *Encontros – Ismail Xavier*. Rio de Janeiro: Beco do Azougue, 2009.

XAVIER, Ismail. *Alegorias do subdesenvolvimento: Cinema Novo, Tropicalismo, Cinema Marginal.* São Paulo: Cosac Naify, 2012.

_____. *Sétima arte: um culto moderno.* São Paulo: Edições Sesc, 2017.

As formas do transe: a análise fílmica de Ismail Xavier como sismógrafo histórico

SCHWARZ, Roberto. "Cultura e política, 1964-69". Em: *O pai de família e outros ensaios.* Rio de Janeiro: Paz e Terra, 1978.

_____. "Pressupostos, salvo engano, de 'Dialética da malandragem'". Em: *Que horas são?.* São Paulo: Companhia das Letras, 1987.

VELOSO, Caetano. *Verdade tropical.* São Paulo: Companhia das Letras, 1997.

XAVIER, Ismail. *Alegorias do subdesenvolvimento: Cinema Novo, Tropicalismo, Cinema Marginal.* São Paulo: Cosac Naify, 2012 [1993].

_____. *Sertão mar: Glauber Rocha e a estética da fome.* São Paulo: Cosac Naify, 2007 [1983].

_____. "O cinema brasileiro dos anos 90". *Praga – Estudos Marxistas,* 2000, n. 9, pp. 97-138.

Mister Ismail Xavier e o avatar da academia

AMÂNCIO, Tunico. "Apresentação". Em: catálogo da mostra *Brasil, O Olhar Estrangeiro,* 24 mar.-2 abr. 2000.

FERNANDES, Millôr. *Millôr definitivo: uma antologia de A bíblia do caos.* Porto Alegre: L&PM, 2016.

SILVA, Luciana Rodrigues. "A formação em cinema em instituições de ensino superior brasileiras: Universidade Federal Fluminense, Universidade de São Paulo e Fundação Armando Álvares Penteado". Dissertação (Mestrado em Ciências da Comunicação) – Programa de Pós-Graduação em Ciências da Comunicação, Universidade de São Paulo (USP). São Paulo: 2004.

STORTINI, Carlos. *Dicionário de Borges.* Rio de Janeiro: Bertrand Brasil, 1990.

XAVIER, Ismail. *O discurso cinematográfico: a opacidade e a transparência.* Rio de Janeiro: Paz e Terra, 1977.

_____. *Sétima arte: um curto moderno.* São Paulo: Perspectiva, 1978.

_____. *Sertão mar: Glauber Rocha e a estética da fome.* São Paulo: Brasiliense, 1983.

_____ (org.). *A experiência do cinema: antologia*. Rio de Janeiro: Edições Graal/Embrafilme, 1983.

_____. *D. W. Griffith: o nascimento de um cinema*. São Paulo: Brasiliense, 1984.

_____. "Do golpe militar à abertura: a resposta do cinema de autor". Em: XAVIER, Ismail *et al*. *O desafio do cinema: a política do Estado e a política dos autores*. Rio de Janeiro: Jorge Zahar, 1985, pp. 7-46.

_____. *Alegorias do subdesenvolvimento: Cinema Novo, Tropicalismo, Cinema Marginal*. São Paulo: Brasiliense, 1993.

sobre autores

Organizadores:

Fatimarlei Lunardelli é jornalista formada pela UFRGS com mestrado e doutorado em cinema pela USP. Autora dos livros *Ô psit: o cinema popular dos Trapalhões* (1996); *Quando éramos jovens: a história do clube de cinema de Porto Alegre* (2000) e *A crítica de cinema em Porto Alegre na década de 1960* (2008). Professora de teoria, crítica e análise fílmica, integrante da Associação Brasileira de Críticos de Cinema e vice-presidente da Associação de Críticos de Cinema do Rio Grande do Sul.

Humberto Pereira da Silva é professor de filosofia, ética e história do cinema na Faap e crítico de cinema; editor da revista *Mnemocine*, autor dos livros *Ir ao cinema: um olhar sobre filmes* (Musa Editora, 2006), *Glauber Rocha: cinema, estética e revolução* (Paco Editorial, 2016) e *Ver e ver como* (Paco Editorial, 2018).

Ivonete Pinto é jornalista, doutora em Cinema pela Escola de Comunicações e Artes (ECA) da USP; docente no curso de Cinema e Audiovisual da UFPel; vice-presidente da Abraccine entre 2011-2015 e presidente da ACCIRS na gestão 2008-2010; co-editora da revista *Teorema Crítica de Cinema*; colaboradora da revista online *Orson*; conselheira editorial de publicações como *Cadernos Forcine* e *Mnemocine*; autora dos livros *A mediocridade* (1989), *Descobrindo o Irã* (2005) e *Samovar nos trópicos* (2003) e organizadora, com Orlando Margarido, de *Bernardet 80: impacto e influência no cinema brasileiro* (Paco/Abraccine, 2017).

Autores:

Carlos Augusto Calil é professor do Departamento de Cinema, Televisão e Rádio da Escola de Comunicações e Artes (ECA) da USP. Foi dirigente de instituições culturais públicas – Embrafilme, Cinemateca Brasileira, Centro Cultural São Paulo e Secretaria Municipal de Cultura – entre 1979 e 2012. Realizador de documentários em filme e vídeo, é autor de mais de 130 artigos, resenhas, ensaios e editor/organizador de mais de trinta publicações sobre cinema, iconografia, teatro, história e literatura. Curador da obra cinematográfica de Glauber Rocha e da de Leon Hirszman.

Fabio Camarneiro é bacharel em Comunicação Social (Jornalismo) pela Faculdade Cásper Líbero (1998) e doutor em meios e processos áudiovisuais pela Escola de Comunicações e Artes (ECA) da USP (2016). Atualmente é professor adjunto no curso de Cinema e Audiovisual da Universidade Federal do Espírito Santo.

Stephanie Dennison é professora titular de Estudos Brasileiros na Universidade de Leeds, Inglaterra. É formada em letras pela King's College, Londres, e doutora em estudos latino-americanos pela Universidade de Liverpool. É autora de vários livros sobre cinema brasileiro e latino-americano publicados em inglês. Organizou em 2013 *World Cinemas: as novas cartografias do cinema mundial* (Papirus).

José Geraldo Couto é jornalista, crítico de cinema e tradutor. Formado em história e em jornalismo pela USP, trabalhou durante mais de vinte anos na *Folha de S.Paulo* e na revista *Set*, e escreveu o livro *Brasil: anos 60*. Ministra cursos livres de cinema e mantém uma coluna de cinema no blog do Instituto Moreira Salles.

Pablo Gonçalo é professor da Faculdade de Comunicação da UnB e autor do livro *O cinema como refúgio da escrita: roteiros e paisagens em Peter Handke e Wim Wenders*. É doutor pela UFRJ, com passagem pela Universidade Livre de Berlim, como bolsista do DAAD. Atualmente, inicia pesquisa sobre a história do roteiro no cinema e audiovisual brasileiro. É curador, roteirista e escreve críticas e ensaios para a revista *Cinética*.

Lúcia Ramos Monteiro é pesquisadora em pós-doutorado na Escola de Comunicações e Artes (ECA) da USP. Doutora em estudos cinematográficos pela Universidade Sorbonne Nouvelle – Paris III em co-tutela com a Universidade de São Paulo, lecionou na Universidade de las Artes (Guayaquil, Equador), na Sorbonne Nouvelle (Paris, França) e na Faap (São Paulo). É co-organizadora dos livros *Cinema e história* (Sulinas, 2017), *Palmanova* (a respeito do artista britânico Victor Burgin; Form[e]s, 2015), e *Oui, c'est du cinéma* (sobre cinema e arte contemporânea; Campanotto, 2009).

Robert Stam é professor na Universidade de Nova York. É autor e co-autor de diversos livros sobre cinema, nos quais aborda temas como teoria do cinema, cinema nacional e estudos pós-coloniais. Seus livros mais conhecidos são *François Truffaut and Friends* (2006), *Literature through Film* (2005), *Film Theory: An Introduction* (2000), e *Tropical Multiculturalism* (1997). É co-autor, com Ella Shohat, de *Race in Translation* (2012), *Flagging Patriotism* (2006), e *Unthinking Eurocentrism* (1994).

David Oubiña é doutor em letras pela Universidade de Buenos Aires. É pesquisador independente do Conicet e professor de Literatura em Artes Combinadas II na Faculdade de Filosofia e Letras (UBA). É membro do conselho de Las Ranas (artes, ensaio e tradução) e da *Revista de Cinema*. Seus últimos livros são: *Una juguetería filosófica: cine, cronofotografía y arte digital* (Buenos Aires: Manantial, 2009) e *El silencio y sus bordes: modos de lo extremo en la literatura y el cine* (Buenos Aires: Fondo de Cultura Económica, 2011).

Marcelo Miranda é jornalista, crítico, curador e pesquisador de cinema. Mestre em Comunicação Social pela Universidade Federal de Minas Gerais. Redator na revista eletrônica *Cinética* e colaborador em diversos sites, revistas e jornais. Membro de comissões de seleção e júris em vários festivais brasileiros. Co-organizador do livro *Revista de Xinema: antologia* (1954-7 e 1961-4). Sócio-fundador da Abraccine (Associação Brasileira de Críticos de Cinema).

Adilson Mendes é historiador pela Unesp, com doutorado em cinema pela USP. Autor de *Trajetória de Paulo* (Ateliê, 2013), é membro do grupo de pesquisa Cinema Expandido, da esteroscopia ao *web footage*: novos regimes de visualidade no século XXI, inserido no programa de pós-graduação em Comunicação da Universidade Anhembi Morumbi

Leandro Rocha Saraiva é professor e roteirista. Escreveu e dirigiu para séries de TV (*Cidade de Deus, 9mm, Street Art, Na batalha, Memória ativa*), e é co-roteirista dos longas *A fúria* (Ruy Guerra) e *Nimuendajú* (Tânia Anaya), e da série *Os índios descobrem o Brasil* (Vincent Carelli) – todos em pré-produção. Fez pesquisa de personagens em *Peões* (Eduardo Coutinho), foi gerente de conteúdos colaborativos da TV Brasil e professor do curso de Imagem e Som da Ufscar. Além de artigos e capítulos de livros variados, é autor de *Manual de roteiro: ou Manuel, o primo pobre dos manuais de cinema e TV*. Foi orientado por Ismail Xavier da iniciação científica ao doutorado, e prepara, em parceria com ele, a série *Eu vi um país no cinema: o olhar de Ismail Xavier*.

Tunico Amâncio é formado em cinema pela Universidade Federal Fluminense, onde atua como professor e pesquisador. Entre os livros publicados estão *Artes e manhas da Embrafilme: cinema estatal brasileiro em sua época de ouro* e *O Brasil dos gringos: imagens no cinema*. Coordena convênios de cooperação internacional com México, França e Canadá. É também roteirista.

Fonte Sentinel e Fabrikat Mono
Papel Pólen Bold 90 g/m²
Impressão Colorsystem
Data junho de 2019